迎全运盛会　树文明新风

·十四运·
文化知识

第十四届全运会组委会　编

西安交通大学出版社
XI'AN JIAOTONG UNIVERSITY PRESS

图书在版编目（CIP）数据

迎全运盛会 树文明新风：“十四运”文化知识/第十四届全运会组委会编.—西安：西安交通大学出版社，2021.6
ISBN 978-7-5693-2202-6

Ⅰ.①迎… Ⅱ.①第… Ⅲ.①全国运动会–基本知识–中国 Ⅳ.① G812.20

中国版本图书馆 CIP 数据核字（2021）第 133175 号

总 策 划	刘夏丽
策划编辑	贺彦峰
责任编辑	韦鸽鸽　贺彦峰
责任校对	吴　桐

书　　名	迎全运盛会　树文明新风——"十四运"文化知识
编　　者	第十四届全运会组委会
出版发行	西安交通大学出版社
	（西安市兴庆南路 1 号　邮政编码 710048）
电　　话	（029）82668357　82667874（发行中心）
	（029）82668315（总编办）
印　　刷	陕西金德佳印务有限公司
开　　本	787 mm×1092 mm　1/16
印　　张	11.75
字　　数	155 千字
版次印次	2021 年 6 月第 1 版　2021 年 6 月第 1 次印刷
书　　号	ISBN 978-7-5693-2202-6
定　　价	50.00 元

如有印装质量问题，请与本社联系调换。

版权所有　侵权必究

编写委员会

主　任：成　进

副主任：李　重

委　员：王增明　苏　翔　李利波　董　艳
　　　　程洪莉　徐国营

顾　问：汤彦宜

主　编：王增明　李　重

副主编：程洪莉　苏　翔　兰　丽　徐国营

编　者（以姓氏笔画排序）

　　　　王增明　兰　丽　苏　翔　李利波　杨　剑
　　　　吴　丹　张　瑶　赵凤翎　徐国营　梁传龙
　　　　董　艳　程洪莉

体育承载着国家强盛、民族振兴的梦想。体育强则中国强，国运兴则体育兴。要把发展体育工作摆上重要日程，精心谋划，狠抓落实，不断开创我国体育事业发展新局面，加快把我国建设成为体育强国。

——2017年8月27日，习近平总书记在天津会见全国群众体育先进单位、先进个人代表时强调

前言

  生命在于运动。体育运动自人类社会诞生之日起便成为人类文明的重要组成部分。数千年来,世界各民族在体育运动实践中不断创造出丰富多彩的体育运动项目,传承发展博大精深的体育运动文化。时至今日,体育已成为社会发展和人类进步的重要标志,是综合国力和社会文明程度的重要体现。作为一种全人类广泛参与的社会活动,体育运动的重要意义,小到可以提高个人身体素质和健康水平、磨炼顽强意志品质、丰富精神文化生活,大到可以使一个国家和社会形成追求卓越、团结协作、讲求公正的精神风尚,进而推动社会全面发展。

  习近平总书记曾指出:"体育强则中国强,国运兴则体育兴。"全国运动会(简称全运会)是我国规模最大、水平最高的体育赛事,是树立体育强国形象的重大赛会,是承载体育强国梦的重要载体。2021年是"十四五"规划开局之年,是建党100周年,是"两个一百年"奋斗目标的历史交汇点,在此特殊历史节点上举办的第十四届全国运动会,必将是一场备受瞩目的全国体育盛会。全力办好十四运会，是党和国家赋予陕西的职责使命，是陕西为实现中国梦做出的庄严承诺和特殊贡献。

为普及全运会知识，推广全民健身运动，弘扬体育文化和体育精神，营造文明和谐的社会环境和人文环境，特组织编写本书。通过本书，希望广大读者能够充分掌握赛事信息，践行礼仪规范，提升自身文明素质，在参与中获得一份快乐！为合力办好本届"全民全运，同心同行"的全运会做出一份贡献！

编者

目 录

篇一　体育陕西

第一章　陕西是中华传统体育的故乡　　2
第二章　陕西是红色体育的热土　　17
第三章　砥砺奋进的现代陕西体育　　28

篇二　全运盛会

第一章　魅力十四运　　40
第二章　全运会撷英　　127
第三章　志愿服务　　136

篇三　道德规范

第一章　中华传统美德　　142
第二章　社会主义核心价值观　　147
第三章　公民道德　　153
附：文明礼仪规范　　156

篇一 体育陕西

迎全运盛会　　树文明新风

第一章
陕西是中华传统体育的故乡

陕西是中华民族重要的发祥地之一，其历史厚重绵长。在滚滚向前的时代车轮中，陕西开启了中华民族五千年的文明历史，其中也孕育了丰富多彩的体育文化活动，为我国体育文化的兴起、发展、传播做出了突出贡献，在中国体育发展史上留下了浓墨重彩的一笔。

陕西古代体育历经兴衰起伏，为后代留下较大影响的体育项目有驭车、射箭、蹴鞠、击鞠、角抵、马球、武术等；还有时令性体育项目：登高、踏青、放风筝、拔河、赛龙舟等，既体现了不同历史时期体育运动的内容与特点，也反映了中华古代体育文化的灿烂辉煌。

■ 半坡"飞球索"

西安半坡遗址位于陕西省西安市东郊，是新石器时代的仰韶文化遗存，距今已有六千多年。在半坡遗址发掘的上万件新石器文物中，有不少关于原始体育方面的文物，如石箭头、矛头、骨质箭头、鱼钩和鱼叉等。此外，还出土了大量的石球和陶球。

西安半坡博物馆

在挖掘半坡遗址第二瓮棺群

时，东边有一座女孩墓室。这个早夭的女孩年仅三四岁，她墓室里的随葬品相当丰富，有陶品、石珠、耳坠和石球等，其中有3个石球，每个直径约2厘米，磨制得十分精致。

六千多年前的半坡地区，雨量充足，气候温润，依山傍水，森林茂密，是个极为理想的狩猎场所。半坡先民制作大量石球和陶球，这些石球和陶球除用于狩猎以外，还作为进行教育和游戏的器具而被广泛使用。

半坡姑娘塑像

半坡先民在狩猎时，把两个石球或陶球用绳子系起来，置于两端，遇上猎物，他们用手拿住绳端的一个球，使另一端的球随绳在空中旋转，当球转到一定速度时，对准猎物，放开手中的球，球索借助离心力的作用，以飞快的速度向猎物击去，不是缠住猎物的腿部，就是击中猎物的要害。这种狩猎工具，被考古工作者称为"飞球索"。

这种狩猎方法是半坡先民在长期的实践中逐渐发明创造出来的，并一代接一代进行传授。这种传授过程，既是一种生产技术教育，也是一种身体锻炼。从体育发展史的角度来看，这是六千多年前古老的田径项目，今天的链球运动就与此十分类似。

飞球索

■ 最早的大型团体操

在我国古代长安地区，早就有类似团体操的项目，当时称之为"大武舞"和"字舞"。

周武王曾根据周文王创编的一种列阵作战的练兵方法，配以鼓乐，士兵全部着戎装，进行校阅表演，以彰显国威，庆祝讨伐战争的胜利。这种大规模执兵器进行的表演，西周时被称为"大武舞"。

周武王继承了周文王的击刺之法，创编成舞，在周公制礼乐时，又改进了练习的方法，增添了新的内容，使其形象地再现了武王伐纣的过程，用以祭祀祖宗，成为我国最早的大型团体操之一。

古老的团体操随着舞蹈艺术的发展，也有了创新和延续。唐代在武则天执政时期（公元690年至705年）出现了大规模的组字团体操。名曰《圣寿乐》的组字表演，是表演者身穿各色彩衣，在音乐伴奏下，队伍每次变化就排成一个字，按顺序排出"圣超千古，道泰百王，皇帝万岁，宝祚弥昌"十六个大字。唐代出现组字团体操，在《乐府杂录》中也有过记载："字舞，以舞人亚身于地，布成字也。"

■ 历史悠久的综合运动会

古代长安地区是我国最早举行综合运动会的地方。

周王朝建都丰镐以后，为彰显国威，开始定期举行运动会，基本上是每年一次，时间多在农闲时期。当时称为"讲武"，项目多是军事体育项目，如射箭、驭车、摔跤等。每逢在丰镐举行运动会时，周天子总要亲临现场，并要求王公大臣必须参加，仪式相当隆重。

在此期间，周王朝明文规定"定功戢兵，故止戈为武"（见《许氏说文》）。这种通过开运动会来停止打仗的思想，与古代奥运会"神圣休战"有相似之处。从时间上推算，古长安地区的丰镐运动会要比古代奥运会（公元前776年举办第一届）早了三百多年。

西汉王朝建都长安之后，政治开始稳定，经济飞速发展，为文化艺术的发展奠定了雄厚的物质基础。特别是汉代体育的发展，无论在内容形式上，还是在普及提高上，都比前几个朝代有了大幅度的提升。

据史料记载，汉代长安城曾举行过不少规模大小不等、项目内容不一的综合运动会。其中以汉武帝时期举行的两次"国际性综合运动会"最为突出。

汉武帝元封三年（公元前108年）春，刘彻为彰显汉王朝的富裕强盛，招待了安息诸国的使臣，并在京都长安城未央宫前举行了一次声势浩大的、有外国人参加的国际性综合运动会，当时被称为"角抵戏"。场地之大，可容纳三百里之内的百姓观看节目。其表演和比赛的项目有：中国的角力、杂技和戏剧武打，以及东南亚诸国的"都卢寻橦"（缘竿）、耍蛇等。外国代表队的表演，诸如安息使团带来的吞刀、吐火、缚人等节目，使观看者无不惊叹而拍手叫绝。

汉武帝元封六年（公元前105年）夏，刘彻总结了上次运动会的经验，又在京都长安城上林平宫广场举行了一次规模更大的国际性综合运动会。仅场地的面积就有十五里之广，观看的百姓几乎到了万人空巷的程度。运动会上，除中国代表参加外，西域外蕃和南洋诸国也派代表参加。在当时的角抵戏表演中，体育方面的内容非常丰富，诸如角抵、足球、投掷、举重、爬竿、爬绳、体操、武术、剑术、射箭、驭车、马术、斗牛、跳丸、走索、假面戏、魔术、少年柔术等。

■ 古老的足球运动

现代的足球运动，古代称之为"蹴鞠"，也有叫"蹙鞠"和"踢鞠"的。它起源于三千多年前的殷代，到了战国时期，踢鞠作为一种游戏流行起来。汉代刘向《别录》记载："蹴鞠，兵势也，所以练武士，知有材也，皆因嬉戏而讲练之。"说明当时是用蹴鞠来训练军队的。之后，由于帝王贵族的喜好，蹴鞠作为一种娱乐方式也逐渐传入宫廷，后来又流行于民间。

宫苑蹴鞠竞赛示意图　汉代（唐豪绘制）

据说西汉建都长安后，刘邦做了皇帝，他父亲作为太上皇随之迁居宫室，虽然生活相当富足，但老人家却终日闷闷不乐。刘邦差人问其原因，原来是老人家常常想起在老家丰邑和屠贩少年斗鸡、蹴鞠的愉快情景。刘邦为了让老人家高兴，在苑内仿照故乡的样子修建了一座新丰城，内设斗鸡、蹴鞠之戏，并请"诸故人"作伴，才使老人家有了喜容。从此记载中，可以得知：西汉初期蹴鞠作为娱乐活动已在宫廷出现。

由于太上皇喜好蹴鞠，刘邦在长安宫廷里开始建造鞠城（球场）。当时的球场是长方形的，四周设有围墙，两端有鞠域（球门）。

西汉时期的诸皇帝中，喜好蹴鞠活动者为数不少，其中以武帝刘彻和成帝刘骜为最。汉武帝不仅自己参加蹴鞠活动，还经常观看宫廷球队的蹴鞠比赛，有时还叫人作赋助兴。甚至在征服西域以后，还把那里擅长蹴鞠之戏者也召到长安城来。

当时著名的武将霍去病，在塞外作战时，遇见粮草短缺，他就亲自带兵"穿域蹋鞠"，以振奋兵将勇气。

唐朝建都长安后，经济、文化、艺术空前发展，从而带来了蹴鞠之戏的普遍开展及蹴鞠技术诸方面的大幅度革新。

足球竞赛图　唐代（载《中国体育史参考资料》第一辑）

1. 出现"气球"

唐代徐坚在《初学记》中写道："今蹴鞠曰戏球。古用毛纠结为之，今用皮，以胞为里，嘘气闭而蹴之。"这里所说的"蹴鞠"，是用动物的尿泡作球胆，里面充足气，踢起来轻而有弹性，比汉朝"以韦为之，实之以物"（《汉书·艺文志》）的实心球要好用多了。唐朝蹴鞠的外壳是用八片皮子制成。唐归氏子弟在一首嘲笑皮日休的诗歌里曾写道："八片尖皮砌作球，火中弹了水中揉。一包闲气如常在，惹拳招踢卒未休。"

唐鞠复制样品：八片，近似现代足球，周长69厘米，重量440克，内充气

2. 出现球门

唐代仲无颜在《气球赋》里写道："苟投足之有便，知入门而无必，时也广场春霁，寒食景妍，交争竞逐，驰突喧阗。"这里所说的"入门"，是指踢球已有了球门。"交争竞逐"是说踢球时分为两队比赛，球场两端各设一个球门，近似于现代足球比赛。这种球场设门、不用鞠域的办法，显然是我国古代足球运动的一大跃进。

3. 多样化踢法

唐代的蹴鞠踢法很多，大体可以分为三种类型：一是两个球门的踢法；二是一个球门的踢法；三是不用球门的踢法。在这三种踢法中，以两个球门的踢法为最好，因为它增加了蹴鞠之戏的对抗性。

唐代宫廷踏球图局部

4. 开创女子蹴鞠

据《剧谈录》记载，长安京城里的胜业坊（今西安城墙东南角处）北街一带，经常有军中少年蹴鞠。有一天，一个十七八岁的女子从胜业坊北街经过，适逢军中少年正在踢球，当球滚到她跟前时，竟"接而送之，直高数丈。于是观者渐众"。一个年轻女子，能在众目共睹之下，一脚把球踢至"数丈"高，说明唐代长安城的女子蹴鞠技术相当了得。至于宫女们喜好蹴鞠之戏的情况，唐代诗人韦庄在他的《长安清明》中也有过类似的描述："内官初赐清明火，上相闲分白打钱。"

长安百戏与体育

古代长安城盛行"百戏",由来已久。隋、唐时期,长安城的百戏活动,在广度和深度方面都有了新的发展,其中有许多为体育项目。据《唐会要》记载,当时的散乐百戏项目有跳铃、掷钗、戏绳、缘竿、扛鼎等。

长安城能如此盛行百戏,与皇帝和王公贵族的喜好有很大关系。隋朝建立以后,隋文帝杨坚于开皇二年(公元582年)开始兴建大兴城(隋朝国都,唐朝建立后易名为长安城),此时的百戏内容发生了较大变化,不像秦、汉时期那么复杂,不少项目被单列出来自成体系。

唐朝建立以后,百戏活动又有了新的发展。唐玄宗开元年间(公元713年至741年),百戏活动最为昌盛。据《明皇杂录》记载:"明皇御勤政楼,大张乐,罗列百技。"他每次设宴时都有百戏助兴。经常表演的项目有:山车、旱船、戴竿、绳技、角抵、旋盘等。

打马球

唐代把马球运动叫"击球"或"打球",也有叫"击鞠"的。从唐太宗开始,马球运动已在长安城流传了。到唐中宗时期,马球运动更加活跃,包括在宫廷禁苑之内。

唐中宗景龙三年(公元709年)十一月,吐蕃遣大臣尚赞咄来长安城迎娶金城公主。唐中宗为招待客人,特意在禁苑梨园球场举行了一次马球盛会。

第一场,吐蕃马球队对唐神策军马球队。结果,吐蕃队获胜。中宗看后,甚为不悦,他见擅长击球的儿子李隆基(当时为临淄王)在场,

随即令他和嗣虢王李邕、驸马杨慎交、武延秀四人与吐蕃队十人决战。

接着四对十的第二场马球比赛开始了，只见李隆基"东西驱突，风回电激，所向无前"（《封氏见闻记·打球》），终场获胜，为大唐帝国争回面子。吐蕃使臣赞服，唐中宗观后甚悦，当场赏赐绸绢数百段，并令学士沈佺期、武平一等献诗祝贺。武平一在《幸梨园观打球应制》诗中这样写道：

令节重遨游，分镳应彩球，

骖骠回上苑，蹀躞绕通沟。

影就红尘没，光随赭汗流，

赏阑清景暮，歌舞乐时休。

唐玄宗李隆基喜好击球运动，不仅在军队里提倡，在宫廷里还带头参加。唐代帝王好击球，对皇亲贵族、文武大臣也有一定影响。诸如太尉李晟和翰林王源中宅院设球场，驸马杨慎交、武崇训宅院洒油筑球场，周宝以球觐见而官至金吾将军，新进士月登阁击球，以及宫女参加"驴鞠"表演等，都说明唐代长安城的马球运动是十分盛行的。

1956年冬，在唐大明宫遗址的考古发掘过程中出土了一块石碑，碑上刻着"含光殿及球场等，大唐大和辛亥岁乙未月建"字样。大和（公元827年至835年）是唐文宗的一个年号。经考证，这是当年含光殿及球场破土动工时的奠基石，透露出当时皇家在修建宫殿的同时还修建了球场。

大明宫，即唐长安城的"三大内"之一。据史书记载，这里单供皇帝与大臣们玩乐的球场就有十多个。如龙首池球场、清思殿球场、中和殿球场、麟德殿球场、飞龙院球场、梨园亭球场、左神策军球场、右神策军球场等。1957年春，中国科学院考古研究所曾对含光殿球场遗址进行挖掘。经过一年的努力，虽探明了含光殿遗址的概貌，但由于周围建筑物过多，加之历代对地面破坏严重，含光殿球场一直未能找到。据《中国体育史参考资料》第七、八合辑专文考证，唐含光殿球场是个马球场。含光殿球场奠基石的发现，更加证明了唐代大明宫内的马球活动是相当盛行的。

■ 趣味横生的拔河赛

拔河，始于春秋战国时期（公元前770年至公元前221年），当时称为"钩强"或"牵钩"。拔河最初是模仿河上拉船劳动而来，后被军队作为一种训练水兵的手段而采用，之后又传至民间并流行于南北各地。到了秦至唐代，长安地区也盛行此戏，尤其在唐朝，拔河运动的发展是空前的。

唐玄宗开元十七年（公元729年），左丞相源乾曜和右丞相张说等人向李隆基上书并经同意后，向全国颁布每年农历八月五日为千秋节。每逢兴庆宫楼前举行千秋节或盛大庆典时，玄宗总要亲临现场，接受文武百官和外国使节朝贺，宴会上除表演歌舞、杂技和蹴鞠外，拔河也是深受欢迎的一个项目。

兴庆宫前举行的大型拔河比赛，人数多在千人以上，拔河的绳子长达300米，两头各系许多小绳索。比赛时，四周布满各色彩旗，擂动战鼓，数以万计的围观者呐喊助威。中书令张说《奉和圣制观拔河俗戏应制》诗中写道：

今岁好拖钩，横街敞御楼。

长绳系日住，贯索挽河流。

斗力频催鼓，争都更上筹。

春来百种戏，天意在宜秋。

这不但反映了唐代拔河的盛况，而且把拔河运动的起源和意义也告诉了人们。

长安泛舟与竞渡

古代泛舟竞渡源于生产劳动,后被用于军事训练和作战,并兼有娱乐的作用。泛舟,一般指划船活动。竞渡,多指赛龙舟,即民间传统节日端午节(农历五月五日)的划船比赛,始于战国时期。《续齐谐纪》里记载:"楚大夫屈原迁谗不用,是日(农历五月五日)投汨罗江死,楚人哀之,乃以舟楫拯救。端阳竞渡,乃遗俗也。"

长安虽地处北方,但泛舟竞渡却自古就有。汉武帝为了征伐滇国(今昆明),仿照滇池在长安城西南处修了座昆明池,以操练水军。昆明池修成以后,不仅操练水军,还经常进行泛舟竞渡游戏。《西京杂记》中记载:"昆明池中,有戈船楼船各数百艘,楼船上建楼橹,戈船上建戈矛。四角垂幡旄,旍葆麾盖,照灼涯涘。"这说明汉代昆明池的操舟盛况相当可观。

兴庆池地处南内兴庆宫,又名龙池,是唐代宫廷的人工湖之一。该池引浐河水经黄渠至兴庆宫,流入龙池,是唐代统治者泛舟竞渡作乐的场所。唐中宗景龙四年(公元710年)四月,兴庆宫龙池举行过一次划船比赛。后龙池随着兴庆宫的不断扩建修饰,面积增为数顷,池水深达数米。每逢端阳佳节,龙池里总要举行规模较大的竞渡比赛。诗人李适曾应制作诗,题为《帝幸兴庆池戏竞渡应制》,诗中就有:"急桨争标排荇度,轻帆截浦触荷来。"此外,诗人韦元旦在诗《兴庆池侍宴应制》中也写道:"中流箫鼓振楼船。"这些都说明了当时兴庆池划船比赛的场面是十分热闹的。

太液池(又名蓬莱池)和鱼藻池,地处大明宫内,是唐代宫廷泛舟竞渡的场所。唐敬宗对泛舟竞渡很感兴趣,唐敬宗宝历元年(公元825年)七月,敬宗下令大臣王播造竞渡用船二十艘,供其观赏使用。太液池的泛舟嬉戏盛况,诗人李绅在《忆春日太液池亭候对》中写道:"宫莺报晓瑞烟开，三岛灵禽拂水回。桥转彩虹当绮殿，舰浮花鹢近蓬莱。"

浐河，唐代长安城的八水之一。其附近的广运潭在唐玄宗时期，曾进行过泛舟活动。泛舟时，船上摆放着许多各地贡来的名产，玄宗为了彰显大唐帝国的兴盛，进行泛舟检阅。

明朝时期的兴安州（今陕西安康）端阳节举行竞渡盛况，《重修兴安州志卷二·古迹志·风俗志》中就有记载："端阳，官长率僚属观竞渡。"

■ 长安城里的大力士

古人比力气，常用扛鼎、掇石、开弓、舞刀等方法进行。这种表现力量的表演，不仅盛行于民间，而且在宫城里也屡见不鲜。

唐三彩陶叠置伎俑，底部的力士双目圆睁，腹部圆鼓，用力支撑

唐三彩陶叠置伎俑（西安博物院藏）

上部童子，其头顶上六童子动作惊险，尤其是最上面一位童子，作高空撒尿状，令观者忍俊不禁。

唐代较力之风颇为盛行，特别是武则天执政时期，颁发了我国最早的武举制度。不少人为了通过应试获得一官半职，严格按武举考核标准进行练习，日复一日，年复一年，全国出现了不少力举千斤、威震四海的人物。因而，长安城也成了大力士汇聚的地方。

唐玄宗天宝十年（公元751年）九月，唐玄宗在兴庆宫勤政务本楼前举行了一次盛大集会，当时称之为"赐民大酺"（允许臣民聚饮的宴会）。宴会上，除表演乐舞百戏的节目外，还表演了戴竿。相传有一位王大娘是唐玄宗时期宫廷教坊的著名艺人，精通剑术，力大无穷。她头顶一根5米长的竹竿，竿上置一木山，让一小孩持深红色符节在木山上边歌边舞，王大娘在音乐的伴奏下旋舞不止，在场观众无不拍手叫绝。当时有位年仅10岁的秘书省正字官员，名叫刘晏。玄宗见王大娘表演惊人，一时高兴，命刘晏当场赋诗助兴。刘晏略加思索，赋《咏王大娘戴竿》诗一首。诗中写道：

楼前百戏竞争新，唯有长竿妙入神。

说道绮罗翻有力，犹自嫌轻更著人。

唐代中日围棋赛

唐宣宗大中二年（公元848年），日本国派王子来大唐长安城访问，因王子围棋水平很高，所以访问时带来了颇为讲究的玉制棋盘和棋子，准备同大唐棋手对弈。

当日本王子来到长安城后，唐朝礼部给予热情接待。随后，唐宣宗为日本王子的来访在宫城内举行了一次盛大的招待宴会。席间，日本王子请大唐围棋手进行一次友谊赛，礼部官员即将请求报宣宗，宣宗表示同意。

当时著名的围棋手顾师言,因棋艺超群,被召进宫中担任"棋待诏"。比赛时,顾师言与其对弈。日本王子拿出随身带的玉制棋盘和棋子,向大家介绍说:"这棋子是从我国以东三万里的一座集真岛上得的,岛上有座凝霞台,台上有个手淡池;池中自然生成玉棋子,不需加工,色有两种,黑白分明,光洁晶莹,因为它冬暖夏凉,以称为冷暖玉。"比赛开始后,双方都很谨慎。最后经过三十三着的较量,顾师言取得胜利。

据记载,在唐玄宗时期,日本使臣吉备真备来到长安后,学会了下围棋,曾与当时长安围棋高手玄宗对弈过,每逢两人对弈时,总是难分难解,引来不少大臣们围观。有一次,玄宗把棋子放在棋盘的"天元"位置上,吉备真备大为吃惊,但他沉思后,依法炮制,把棋子也放在玄宗的"天元"上。玄宗见状,大笑戏言:"棋子上放棋子,这可是古今少有的事!"虽然此为笑谈,但吉备真备把围棋带回日本后,积极推广,这是有据可证的。

西岳华山下棋亭

华山有五峰,即东峰朝阳峰、西峰莲花峰、南峰落雁峰、北峰云台峰、中峰玉女峰。东峰之侧立有"下棋亭",相传此亭是战国时秦昭襄王(秦国国君,公元前306年至公元前251年在位)命人用钩梯登华山,与神仙在这里下棋,故而得名。

据传,当年在华山静养的著名

华山下棋亭

道家隐士陈希夷很喜欢下棋。一天，他约赵匡胤在下棋亭对弈。二人经过协商，立下约书，以华山为赌注，最终陈希夷赢了比赛。公元960年，赵匡胤在开封建立了宋王朝，当上了开国皇帝，史称宋太祖。陈希夷得知后，便身携当年赵匡胤写下输掉华山的文契，赶到京城求见赵匡胤，并当面毁掉文契以表示对赵匡胤当上皇帝的祝贺。

华山下棋亭棋盘

赵匡胤下棋输华山虽系传说，但从中国象棋发展的历史来说，它从侧面反映了唐宋时期的棋艺水平。中国象棋从唐宋开始，已具有相当高的水平，出现了类似现代象棋的棋具。作为将锻炼思维寓于游戏中的中国象棋运动，从它产生开始，就为人们普遍所喜爱。

第二章
陕西是红色体育的热土

中国红色体育是指从 1921 年中国共产党成立到 1949 年中华人民共和国成立期间,中国共产党人为了民族解放事业,为了提升军队作战能力而广泛开展的有组织、有计划、有目的的体育实践活动。红色体育在中国乃至世界体育文化史上,以其独有的姿态绽放出了无穷的魅力,为中国革命的胜利立下了不可磨灭的功勋。毫无疑问,陕西正是红色体育的一片热土。

■ 党中央高度重视

自中央红军到达陕北以后,党中央仍然按照中央苏区的优良传统,时刻重视着军民体育工作的开展。毛泽东、朱德、刘少奇、周恩来和任弼时等中央领导以身作则,带头参加体育锻炼和关心人民大众体育活动的普及。

毛泽东主席亲自制作乒乓球拍参加乒乓球运动,成为延安时期美谈。朱德总司令,不仅和群众一起打篮球、排球,还领导大家组建全苏区体育运动委员

为庆祝"体育节",毛泽东题词"锻炼体魄,好打日本"

会、陕甘宁边区体育运动委员会和延安新体育学会，以及发起举办延安"九一"扩大运动会等。贺龙师长关心部队体育工作，组建"战斗篮球队"，名扬延安。这些领导重视、以身作则的事例，是延安时期群众性体育活动能够得到发展的主要动力。

健全的体育组织

延安时期，广大军民在党中央和边区政府的领导下，克服物质条件艰苦、文化生活贫乏的重重困难。为逐步达到健身、战斗、娱乐三结合，让广大军民在体育实践中逐渐增强对体育的兴趣，政府积极倡导，一批体育组织机构先后成立，将延安时期体育活动推向新的高潮。

延安时期的体育组织机构在实践中逐渐从单一的政府机构主持体育活动，发展到社会团体多方面主持体育活动。边区体育组织机构中的人员配备因受历史条件限制，专职人员少，兼职人员多。其体育功能的实现，多由社会体育组织和群众团体中的体育组织协同完成。

虽然当时的体育组织机构不够健全，但其所发挥的作用是很大的，它代表了中国近代一个特定历史阶段中体育组织机构发展的特征。

群众体育活动

（一）学校体育活动

陕甘宁边区学校体育教育，其类型主要是：幼儿体育、小学体育、中学体育和大学体育。形式是：体育课程、课外活动和运动竞赛。

1. 幼儿体育

延安时期幼儿体育主要以延安保育院和陇东分区幼儿体育课程为典范，按照幼儿的年龄大小进行不同内容的体育活动。无统一教学大纲，主要传授一些游戏和简单的体操动作。体育课的目的较为明确，要求教师教授的课程必须儿童化、生活化，进行形象式教学。通过游戏的形式，使儿童受到教育；通过训练比赛，使儿童的动作更灵活，培养其勇敢、坚韧、顽强的性格。

1943年，延安"洛杉矶托儿所"的孩子们在表演节目

2. 小学体育

延安时期，陕甘宁边区人民政府《小学法》第一条规定：发展儿童的审美观念，提高儿童的劳动兴趣，锻炼儿童的健壮体格。因此，小学课程中必须开设体育课。初级小学体育授课内容以游戏为主；高级小学在游戏的基础上，增加军事常识、操练等军事化的内容。初小每周三节体育课，每周150分钟的课时；高小每周五节体育课，每周180分钟的课时。体育课以进行军事体育锻炼为主，同时有传统的民间

延安保小学生在滚铁环

游戏，如传手帕、拔河、猫捉老鼠、踢毽子，以及打篮球、踢足球、跳远等运动项目。此外，学校把体育游戏与语文、数学教学结合起来，这是延安时期小学教学中的一个亮点。

3. 中学体育

《陕甘宁边区暂行中学规程草案》中指出："注意体格锻炼，启发艺术兴趣。"要求应有运动场及体育器材室，体育在课外进行，不包括在自习时间内。此外，凡属师

1944年，少年儿童手持长矛大刀训练

1946 年，延安中学秧歌队表演后合影

范性质的学校，按规定都应设体育课。《陕甘宁边区师范学校暂行规定》中规定，边区师范学校初级部第二学年体育课全年共计 34 学时，其中第一学期为 20 学时，第二学期为 14 学时。

4. 大学体育

延安时的大专院校，据不完全统计，有 20 余所，体育活动开展突出的院校主要有：中国人民抗日军事政治大学、延安大学、鲁迅艺术学院等。

中国人民抗日军事政治大学的前身是 1931 年创建于江西瑞金的中国红军学校。1937 年 1 月 20 日，中国红军学校随中共中央机关迁至延安，改称中国人民抗日军事政治大学。该校从总校到分校，都有健全的体育组织机构，重视体育与军事紧密结合，在广泛开展群众性体育活动的基础上，积极参加军队内和社会上的体育竞赛活动，成绩突出，影响较大。

延安大学是边区最早的一所综合性学校。1941 年 9 月 22 日，延安大学由陕北公学、中国女子大学

1936 年，陕西保安红军大学的网球爱好者

和泽东青年干部学校合并而成。延安大学自始至终都重视学校师生体育活动的开展,成绩十分突出,当时培养方式采取了开办体育系、举办脱产体育培训班和不脱产体育短训班三种办法。

鲁迅艺术学院是抗日战争时期中国共产党为培养抗战文艺干部和文艺工作者而创办的一所综合性文学艺术学校,于1938年4月10日在延安正式成立,简称"鲁艺"。鲁迅艺术学院不论在延安,还是在晋察冀边区,都重视体育活动的开展,把文艺与体育紧密结合起来,为抗日服务。学院体育活动热火朝天,校外体育比赛成绩优异。

1943年,延安女子大学排球比赛

鲁艺的早操活动

(二)军队体育活动

从1935年中央工农红军到达陕北以后,经过陕甘宁苏区军队体育活动的过渡,在党中央落脚陕北,陕甘宁边区建立后,陕甘宁边区在党中央和毛泽东主席的直接领导下,通过一边生产劳动,一边参加体育锻炼,一边抗击日寇侵略,使部队在艰苦的条件下逐渐适应了战争形势的需要,完成了历史赋予他们打败日本侵略者、建立新中国的使命。

(三)城乡体育活动

陕甘宁边区城乡体育活动的开展,就其规模和活动内容而言,城市优于乡村,其活动内容多为近代体育项目;而乡村则多是民间传统体育活动。但就开展体育活动的共性来看，平日的主要体育活动多为军事体育活动项目，如整队操练、刺杀、射击、投掷手榴弹、爬山、涉水等，这都与抗击日本帝国主义侵略和抵抗国民党军队侵犯边区有关。

党中央和边区政府大力提倡开展民间体育活动。中央领导身体力行，对全边区开展民间体育活动起到了表率作用。边区的民间传统体育，大体可分为三种类型：一是节令性民间传统体育；二是习武性民间传统体育；三是游戏性民间传统体育。

边区机关团体的体育活动开展，主要表现在两个方面：一是群众性体育活动的经常开展；二是多种形式的体育竞赛接连不断。边区机关团体除开展经常性的体育活动和小型体育比赛外，还重视参加较大型的本地区和全边区性的体育比赛。

延安清凉山下延河里的跳水表演

延安时期机关的篮球比赛

（四）西安八路军办事处体育运动

1936年12月"西安事变"和平解决后，中国共产党在七贤庄设立了公开机构——"红军联络处"。1937年9月，改称"八路军驻西安办事处"，位于陕西省西安市老城区内。

西安"八办"不仅在政治、军事等方面为解放区供应物资和输送人才,而且还重视开展体育运动,在艰苦的条件和繁忙的工作之余,他们因陋就简,积极开展了多种形式的体育运动,如篮球、乒乓球、棒球、围棋、象棋、摔跤、跳绳、射击等运动。一有空闲时间,就会看到办事处有的在打篮球,有的在托排球,有的在打乒乓球或下象棋、围棋。每逢节假日,办事处还举行各种形式的体育比赛。

西安"八办"门前篮球场

西安"八办"一号院庭的乒乓球活动

体育运动竞赛

延安时期的体育竞赛活动十分活跃,它是中央苏区时期体育竞赛的继续与发展。

延安时期体育运动竞赛的形成与发展,是以边区体育的目的任务为依据的。这是一个特殊的历史时期,当时党中央和边区政府的主要任务是:一面打仗、一面生产和一面生活。当时体育的目的也是围绕上述三个方面而确定的,即为打仗、生产和提高人民的健康水平服务。而体育运动竞赛正是实现体育目的的重要手段。延安时期体育运动竞赛内容包括:竞技体育项目;军事体育项目;娱乐内容项目。组织形式包括:县市运动会和全边区运动会;按项目分类,主要是综合性运动会、单项运动会和表演性运动会。

延安时期的机关、部队、学校、工厂以及农村,经常可以看到多种形式的体育竞赛活动在热火朝天地进行着。

1. 区县体育运动竞赛

"五卅"学生检阅运动大会总结报告封面

区县体育运动竞赛是整个边区竞赛活动的支柱，它起着承上启下的作用。一个区或者一个县的体育竞赛搞得好，它的下属单位竞赛活动也搞得好；参加上级体育竞赛，也会是出类拔萃的。区县体育运动会成绩突出的有安塞县体育运动大会、绥德警备区"九·一八"青年运动会、横山县体育运动大会、曲子县"五卅"学生检阅运动大会、定边县体育运动大会、神木县学生体育运动大会、佳县通镇区学生体育运动大会、甘泉学生检阅体育运动大会和横山县小学生秋季运动大会。

2. 地市体育运动竞赛

地市体育竞赛使全边区体育竞赛内容和形式不断丰富，使区县和基础体育竞赛得到提高，同时也使全边区体育竞赛有了雄厚的基础。地市体育竞赛开展得好坏，是整个边区体育竞赛水平能否提高的关键。不同形式的地市体育竞赛，可以显示出当年陕甘宁边区体育竞赛活动和竞赛成绩的概貌：红军第二师全师军事体育运动大会、延安"五一"运动大会、红一军团"五一"军事体育运动大会、红十五军团体育运动大会、庆环分区红军五大队"五一"文体运动会、红二方面军"五卅"运动大会、庆阳地区小学体育运动会、红军三八五旅运动大会、延安"四四"儿童节运动大会、延安首届青年节运动大会、后方直属机关"九·一八"运动大会、延安"三八"妇女节运动大会、鄜甘警备区"九·一八"运动大会、朱德杯排球赛、八路军七七〇团运动大会和延安市溜冰运动会。

3. 全边区体育运动竞赛

全边区体育运动竞赛从1937年开始，至1942年共举办过两次。第一次是"全苏区'八一'抗战动员体育运动大会"，地址在延安南关公共体育场；第二次是"延安'九一'扩大运动会"，场地在延安北门外文化沟青年体育场（大砭沟）。这两次全边区体育运动会的举行，标志着中国红色体育运动竞赛已跨入了一个新的历史时期，为新中国成立后体育运动竞赛的开展，积累了丰富的经验，也给中国近代体育竞赛史写下了可喜的篇章。

全苏区"八一"抗战动员体育运动大会

1937年，《新中华报》迎接全苏区"八一"抗战动员运动大会的宣传画

举办全苏区"八一"抗战动员体育运动大会决定发出后，陕甘宁苏区的群众性体育活动出现了新的高潮。陕北苏区立即组建了苏区体育运动委员会，修建场地，增添体育器材。为迎接全苏区"八一"抗战动员体育运动大会的召开，全体运动员发出了一致的誓言："把我们的身体锻炼得像铁一样，好到抗日战场上去！"

8月1日下午3时，全苏区"八一"抗战动员体育运动大会在南关公共体育场开幕，体育场四周围满了观众，司令台上挂着"八一"抗战动员运动大会的横幅。各路选手，着各色运动服装，陆续出现时，受到观众的热烈欢迎。

延安"九一"扩大运动会

在战火纷飞的抗日战争时期，延安"九一"扩大运动会在革命圣地延安召开了。在抗日战争最困难的时期，日本侵略者燃起的烽火弥

延安"九一"扩大运动会,运动员整队进入会场

延安"九一"扩大运动会女子赛跑

漫了中国的国土,对解放区进行频繁的"扫荡",加上国民党又用大批军队包围陕甘宁边区和其他革命根据地。中国共产党和广大军民在敌伪反动派的进攻夹击下,克服物质生活条件上的困难,仍然坚持顺利地举行了延安"九一"扩大运动会。

1942年9月1日至6日,延安"九一"扩大运动会有1388人参加比赛,创红色根据地参加运动会人数之最。运动会的举行,充分显示了陕甘宁边区军民在中国共产党的

延安"九一"扩大运动会,男子篮球比赛

领导下,不怕困难、英勇奋战的革命乐观主义精神,为我们留下了一笔宝贵的精神财富。这次运动会是整个延安时期规格最高、规模最大、比赛项目最多、参加人数最多的体育盛会,充分显示了中国共产党和陕甘宁边区政府对发展体育事业的重视。

解放战争时期体育

抗日战争胜利以后,随着革命形势的发展,各边区、根据地和解放区的机关部队、工厂农村、各类学校体育组织机构,均未能按正常

形势下的情况开展体育工作,有的甚至处于停顿或半停顿状态,其组织形式也随解放战争的形势发生变化。但是,经过中央苏区和陕甘宁边区时期,业已形成的体育组织机构模式,仍然在不断完善和推广中。

延安"九一运动会"

为普及青年运动,活跃延安生活,陕甘宁边区青年联谊会于1946年7月26日,在职工俱乐部集合,商讨纪念"九一"国际青年节举办各机关、学校、工厂、部队和市民代表等参加运动大会的问题。这次运动会相对上次运动会组织得更为规范,专门成立了筹委会,设立了评判、招待和管理等机构;设置了区分南北两区的预赛,南区由延安大学负责、北区由中央党校负责;比赛项目也进行了军民区分,分别为群众自卫军实弹射击、投弹竞赛和各机关、学校、工厂的篮球、排球比赛等。

关于这次运动会有一个有趣的插曲:当时延安贩菜的、卖馍的小商贩也积极响应政府号召,组织了一个篮球队,并且坚持每天下午做完生意,集体训练一个小时。南区分会得知这一情况后,便将他们与延安完全小学组织在一起,给他们提供专门指导和帮助,提供训练场地和训练用球等,后来这支"商贩队"还取得了不俗的成绩。

第三章
砥砺奋进的现代陕西体育

新中国成立后,陕西体育迎来了新的发展。1950年,中华全国体育总会陕西分会筹委会成立,后更名为陕西省体育总会。1954年10月,陕西省人民政府体育运动委员会成立(简称省体委)。随后,各地市相继成立了体育运动委员会。到1959年,陕西省县级以上各级人民政府大都成立了体育运动委员会,各单项协会和产业体协及基层体协也先后建立起来。各项体育工作在人民政府、体委和共青团的领导下逐步开展起来,走上正轨。

20世纪50年代中后期,广大人民群众响应党和政府号召,锻炼身体,建设祖国。全省职工业余体育活动迅速形成高潮,参加工间操人数一度占职工人数的60%。农村结合民兵军事训练,开展跑步、队列操练、投弹、射击、跨越障碍等军事项目,进行的体育项目主要有武术、篮球、排球、乒乓球、板羽球、田径、拔河、滑冰、举重等。厂矿机关职工体育、乡镇农民体育逐步兴起。各行业职工率先参加各种球类、武术表演赛和工间操活动,全省陆续建成了工人俱乐部,西安、宝鸡、咸阳、铜川等大中城市普遍建有工人文化宫。在各级体委、共青团的领导下,群众性体育活动开展得轰轰烈烈。

1970年至1976年,社会上厂矿机关、学校、乡镇等群众性体育活动开展得很活跃,广播体操、工间操、业余体育竞赛很丰富。许多地方都成立了业余体育运动代表队,武术、民间体育活动、篮球项目开展得最为活跃。

学校体育

1951年,中央人民政府政务院公布了《关于改善各级学校学生健康状况的决定》。据1952年统计,全省大部分中小学生长期坚持广播体操活动。

毛主席关于青年要"身体好,学习好,工作好"的指示,进一步为学校体育工作明确了方向,各级院校领导对学生的健康状况更为关心与重视,学校将体育工作提到了议事日程,充分利用早操、课间操、课外活动,开展多种形式的体育锻炼,举办各类小型竞赛。《体育锻炼标准》达标活动在西安市大、中学校重点试行展开。这时候的课外体育活动是处于有号召、有组织的初创和摸索阶段。

1954年正式开始全面实行国家劳卫制预备级,重点实行劳卫制一级,各个院校在青年团的直接领导下,在各个体育组(室)的配合下纷纷成立锻炼小组。大学生体育联合会等群众组织开始了有领导、有组织、有计划的课外活动,早操课活动率90%以上。10所院校2万多人参加的"西安—莫斯科""西安—北京"的象征性长跑活动,把各院校的群众体育活动推向了新的阶段。这一时期,高校的课外体育活动步入了扎实、稳步、健康发展的阶段。

1963年至1966年,随着国民经济好转,学校早操、课间操、课外活动相继得到了恢复,学生的体质有着较为明显的提高,这时候除开展正常体育项目活动以外,国防体育活动,如射击、摩托车、军事野营等在很多院校也普遍展开。

改革开放以来,全省高校大力开展高水平运动队伍建设。1996年,教育部表彰"贯彻《学校体育工作条例》优秀高等学校",西安交通大学、西北工业大学、陕西师范大学、西北大学、西安电子科技大学、西安公路交通大学、西安建筑科技大学七所院校受到表彰；2000年教育部再一次表彰时，西安交通大学、西安电子科技大学、西安理工大学、西北大学受到表彰。

省内不少高校的高水平运动队参加全国大学生体育竞赛取得了优异成绩：西安交通大学男子篮球队1996年获得第五届全国大学生运动会男子篮球乙组第一名，1998年获得CUBA男子篮球A级联赛第一名和总决赛第一名。西北大学取得1996年全国大学生运动会篮球男子甲组第一名，获得1998年首届CUBA全国大学生篮球联赛B级总冠军。西安工业大学女子篮球队1996年获得第五届全国大学生运动会甲组比赛冠军。

目前，全省具有招收体育教育专业资格的院校10余所，涉及专业有体育教育、运动训练、人体科学、场馆建筑、赛事运营管理等多个专业。可以招收硕士的高校有：西安体育学院、西安交通大学、西北工业大学、陕西师范大学、西安电子科技大学、陕西理工大学等10余所高校。可以招收博士的高校有：陕西师范大学、西安体育学院。

▌ 竞技体育

1950年，陕西省开始组建优秀运动员训练队伍。1952年10月，陕西省首届体育运动大会在西安市人民体育场举行，来自9个专区、省直机关、长安县等共11个单位的350余名运动员参加。

1959年，在湖南、河南、安徽、陕西四省飞机跳伞对抗赛中，陕西女子跳伞3名运动员在日间1000米集体综合跳伞项目成绩破世界纪录；陕西省跳伞队获男女总分第一名。

1959年9月13日至10月3日，首届全国运动会在北京举行，陕西体育代表团在29项比赛和表演中，获金牌1枚、银牌5枚、铜牌5枚，女子跳伞 3 名运动员破世界纪录。1960 年，陕西省运动员在全国航模创纪录测试赛活塞式自由飞模型飞机比赛中创世界纪录。

1965 年 9 月，第二届全国运动会在北京举行。陕西射击队获得 2 枚金牌，并打破小口径自选步枪 3×40 卧射全国纪录，打破双管猎枪对 200 碟靶射击全国纪录；在航模比赛中获得团体冠军；2 人获得二级无线电遥控模型飞机冠军；在射击、航模项目比赛中有 15 人 5 次破 5 项全国纪录；在田径、射击、游泳等项目中，有 35 人 66 次破 42 项省纪录。8 名选手达到运动健将标准，团体赛获得冠军 3 个、季军 1 个，单项冠军 1 个、亚军 3 个、季军 2 个。1959 年和 1965 年两届全运会陕西先后有 5 人次破 2 项世界纪录。

1971 年，由 300 余人组成的陕西体育工作大队恢复建立，设置了 7 个项目。这一段时期竞赛活动比较频繁。例如，1972 年，全省县区以上运动会共举办了 3 次，一次有 17 万运动员参加，其中青少年运动员占 50%，儿童运动员占 34%，有 5 人次破三项全国少年田径记录，有 17 个项目进入全国前六名，游泳破 26 项省纪录，16 个项目进入全国前八名。1975 年，第三届全国运动会在北京举行，陕西体育代表团运动员 6 人 9 次打破六项全国纪录，获得金牌 4 枚、银牌 4 枚、铜牌 8 枚；其中 50 人 74 次破 48 项省纪录，163 人获得个人奖项。这一时期陕西体育在全国比较优势的项目有：跳伞、射击、航模、武术、田径等项目。涌现出一批高水平教练员，培养出一批优秀运动员。

1977 年，陕西省女子排球队在全国排球联赛中获得女子组冠军。1983 年 2 月，陕西省女子足球队在广州举行的首届中国女子足球锦标赛中获得冠军。

1978 年 12 月，在泰国曼谷举行的第八届亚洲运动会，陕西运动员 5 人入选中国体育代表团参加比赛，为中国队获得 8 枚奖牌。

1979 年 9 月第四届全运会在北京举行，陕西代表团 268 名运动员参赛，获得金牌9枚、银牌10枚、铜牌12枚。

1979年至1989年，陕西省3次组队参加全国运动会，共获得金牌20枚、银牌15枚、铜牌19枚；2次组队参加全国青少年运动会，此外还组队参加了全国工人、农民、中学生、大学生和残疾人运动会。

改革开放以来，陕西运动员入选国家代表队参加奥运会取得6枚金牌：2000年，在第二十七届悉尼奥运会上，跳水运动员田亮获男子单人10米跳台冠军，实现陕西省奥运金牌"零"的突破；2004年，在第二十八届雅典奥运会上，田亮又获得双人10米跳台金牌。2008年，在第二十九届北京奥运会上，射击运动员郭文珺获得女子10米气手枪冠军，跳水运动员秦凯获得男子双人3米板冠军。第三十届伦敦奥运会上，郭文珺和秦凯蝉联冠军。

陕西省举行国际国内的单项赛、分区赛、对抗赛、邀请赛、综合运动会200余场。1996年8月28日至9月3日，陕西举行第五届全国大学生运动会，全国共有代表团33个、运动员、教练员领队及嘉宾共6000余人参加，规模超过往届，陕西代表团获得金牌32枚、银牌26枚、铜牌22枚，位居金牌榜和团体总分第一名。1999年9月11日至20日，中华人民共和国第四届城市运动会在西安举行，本届运动会共设16个大项，220个小项，全国57个城市及地区组团参赛，参赛运动员3898名，规模空前，西安市代表团获得金牌25枚、银牌23枚、铜牌18枚，位列奖牌榜第二名，团体总分第一名。

"十三五"期间，陕西5人参加里约奥运会，获银牌1枚、铜牌1枚，平昌冬奥会陕西共有3人首度参赛。2017年在天津举行的第十三届全运会上获16枚金牌、19枚银牌、17枚铜牌，创历史最好成绩。2019年陕西省运动员在国际国内比赛中共获金牌70枚、银牌40枚、铜牌34枚。在第二届全国青年运动会上共获得金牌30枚、银牌47枚、铜牌63枚，创造陕西省参加大型综合性青少年运动会历史最佳战绩。

陕西运动员参加国际、国内重大单项赛事共获金牌 182 枚、银牌 166 枚、铜牌 178 枚，较"十二五"分别增加 14.47%、67.68%、57.52%。据不完全统计，陕西省运动员在奥运会、世锦赛、世界杯三大世界大赛上获得金牌 100 多枚，奖牌 800 多枚。

■ 全民健身

1997 年开始，陕西按照国家体育总局统一部署，实施了全民健身路径工程。不断完成雪炭工程，实施乡镇农民体育健身工程、各村级农民体育健身工程、各社区全民健身器材配送工程、陕南扶贫搬迁安置点体育器材配置工程。国家先后表彰了陕西的"亿万农民健身活动"先进乡镇。全省城市社区建立健身活动站点；先后有多个社区获全国城市体育先进社区称号，多个社区获省级城市体育先进社区称号；建设全省农村全民健身辅导站点。

陕西省全民健身计划的实施，先后形成了陕西花样跳绳、西安城墙国际马拉松、安康龙舟节、宝鸡太白山旅游登山节等一批地方特色鲜明、影响广泛的品牌赛事。全力打造延河、汉江、丹江沿岸健身长廊工程，陕北红色旅游健身步道和秦岭户外健身基地等六大全民健身重点工程。2019 年以来，成功举办中国羽毛球超级联赛总决赛、亚洲摔跤锦标赛、西安城墙国际马拉松赛、商洛环秦岭国际公路自行车赛、"长安剑客"国际击剑精英赛、西安国际马拉松赛、中国跆拳道公开赛等 12 项"一带一路"精品赛事，通过赛事塑造了城市品牌，扩大了影响，促进了地方经济社会的发展。

举办全民健身运动会，发展群众体育，是陕西省贯彻落实习近平总书记关于体育工作系列重要论述精神，深入推进全民健身国家战略的重要举措。陕西省全民健身运动会对助力健康陕西建设，加快建设体育强省具有重要意义。全省全民健身运动大会，是全省规模最大、规格最高、持续时间最长、参与群众最多、影响最广的群众体育盛会，开创了陕西省群众体育历史先河，在三秦大地掀起了全民健身新热潮，社会反响强烈。

从2016年开始，陕西省已经连续进行了四届《国家体育锻炼标准》测验达标赛，在全国也走在了前列，并在西安、咸阳、榆林、杨凌、安康、宝鸡及部分大专院校进行推广测试，收到较好效果。西安、杨凌、大荔举办的马拉松赛均被评为全国马拉松"金牌赛事"。陕西省田径协会入选国家二级协会组织开展马拉松活动试点单位。由陕西省田径管理中心和田径协会举办了四届的陕西省田径公开赛，2020年被列入国家级竞赛计划。

2021年3月28日，陕西省第三届全民健身运动会开幕式在延安举行

相关政策

陕西省委、省政府相继出台了一系列关于加强体育工作的文件。1991年，省委、省政府发布《关于进一步加强体育工作的通知》，提出"大打体育翻身仗"的目标要求；2003年，省委、省政府出台《关于进一步加强体育工作 努力建设西部体育强省的意见》；2010年，省政府出台《关于进一步加快西部体育强省建设的意见》。

2018年，陕西省体育系统制定了"1155"体育发展战略。"1"个主题，即追赶超越；"1"个目标，即建设体育强省；第一个"5"是坚持五个原则——围绕中心、人民主体、开放共享、改革创新、上下联动。第二个"5"是以体育设施为基础、竞技体育为引领、体育产业为支撑、体育文化为内核、全民健身为归宿的"五位一体"协调发展。

2019年施行《体育社会组织管理暂行办法》《向社会力量购买公共体育服务暂行办法》；2020年施行《陕西省体育赛事管理办法》等基础性政策文件。

2020年3月5日，陕西省发布《陕西省人民政府办公厅关于加快建设体育强省的实施意见》，指出陕西省要紧抓筹办十四运会的机遇，以建设体育强省为目标，坚持以体育设施为基础、竞技体育为引领、体育产业为支撑、体育文化为内核，推动全民健身与全民健康深度融合，不断满足三秦百姓的美好生活需要。到2035年，全省体育发展主要指标达到或超过全国平均水平，体育综合实力位居全国前列，在中西部领先。要求以建设西部体育强省为奋斗目标，在"科学健身、大赛争光、产业兴利、体育惠民"的基础上又提出"建场馆、办大赛、兴产业、惠民生"的新思路，奏响了奥运争光、全民健身和体育产业大发展的号角。

场馆建设

据统计，1990年全省有各类体育场地7677个，其中标准场地3529个，非标准场地4148个。市县场馆建设步伐加快，到2010年底，全省107个县市区拥有400米塑胶跑道的田径场47个，新建体育馆27个。全省高校拥有各类体育场90余个，其中400米标准跑道70余个，新建体育馆50余座。

2010年，全省各类体育场地达28028个；2014年，全省625个社区实施社区健身器材配送工程；1867个行政村实施村级农民体育健身工程。实施全民健身示范区示范带工程的有西安、宝鸡、咸阳、渭南。

2018年底，全省人均体育场地达到1.67平方米。近年来，实施各类健身设施项目5300余个，建成"800里渭河健身长廊"项目，新增社会足球场地614个。为迎接"十四运"的召开，2020年全省改造新建54个场馆。

体育产业

改革开放以来，陕西体育产业实现从小到大的发展。社会各界投资体育产业的热情日益高涨，涌现出一大批有一定规模和实力的经营实体。

2010年前后，体育器材设施企业有近70家，主要分布在西安、宝鸡、咸阳、安康等地。经营体育器材的企业有500余家。2019年，全省从事体育器材体育用品经营的企业共2500多家，其中注册资金5000万元以上的约占1/3。

2014年以来，陕西省陆续出台了《陕西省体育产业规划》《陕西省冰雪运动规划》《陕西省水上运动产业规划》《陕西省航空运动产业规划》。2016年，卤阳湖航空体验运动项目被国家体育总局命名为国家体育产业示范项目。2017年，渭南市大荔县同州湖景区被原国家旅游局评为国家体育旅游示范基地，西安城墙国际马拉松赛被国家体育总局评为国家体育旅游精品赛事。商洛市柞水县营盘运动休闲特色小镇、渭南市大荔县沙苑运动休闲特色小镇被国家体育总局评为体育特色小镇。2019年至今全省共举办14项"一带一路"精品体育赛事，扩大了陕西影响力，丰富了人民群众文化生活。

自2006年起，陕西省体育局对体育科研实行统一管理，每年下达科研课题任务，定期评估考核，常规课题、攻关课题。陕西省的体育科研人员先后承担了国家级课题、教育部课题、奥运争光和省级攻关课题、全运会等多个项目的课题研究，取得了丰硕的成果。体育宣传展示由当初的报纸、期刊、杂志、广播发展到、电视、信息网络以及大数据为载体的传媒方式，为体育信息的传播，为全民健身、竞技体育、惠民工程、体育产业提供了强有力的保障。同时，陕西省创建了全国第一所省级通史性体育博物馆——陕西省体育博物馆，第一所红色体育博物馆——中国红色体育博物馆，第一座地掷球博物馆。

陕西体育博物馆

迎**全运**盛会　树**文明**新风
"十四运"文化知识

中国红色体育博物馆

地掷球博物馆一角

篇二 全运盛会

迎 全 运 盛 会　　树 文 明 新 风

第一章
魅力十四运

中华人民共和国全国运动会，简称"全运会"。全运会是国内水平最高、规模最大的综合性运动会。全运会的比赛项目除武术外基本与奥运会相同。全运会每四年举办一次，一般在奥运会年前后举行。前九届全运会由北京、上海、广东三地轮流举办。2001年初，国务院办公厅正式发布了《关于取消全国运动会由北京、上海、广东轮流举办限制的函》。2015年12月29日，国务院批复同意陕西省承办2021年第十四届全国运动会。2016年7月，陕西省委、省政府办公厅联合印发《第十四届全国运动会总体工作方案》；9月，省政府召开了第十四届全国运动会陕西省筹备委员会成立大会暨第一次工作会议，组建了由省长为主任的筹备委员会。2017年9月8日，在天津全运会闭幕式上，陕西省接过全运会会旗，标志着第十四届全国运动会进入陕西时间。

十四运会定于2021年9月15日至9月27日在陕西省举行。

■ 十四运会会徽

十四运会会徽取象传统礼天玉璧。玉为自然之精华，玉璧为致敬上天礼器，寓意全国人民以最好的精神面貌庆祝第一个百年梦想的实现和第二个百年梦想的到来。

会徽设计方案主要由中心部分、环形部分、主体色彩三方面构成。虚实相间，动静结合。

中心部分为宝塔山、延河水和五孔窑洞，它们是中国革命的灯塔，表达全国人民在中国共产党领导下迎接中华民族伟大复兴道路遇到挑战时的坚强意志。

环形部分将玉璧纹饰幻化成田径、球类、游泳三个运动项目人形，体现全民全运的理念，展示全国人民万众一心、团结向上、奋力拼搏、逐梦圆梦，为中华民族伟大复兴不懈奋斗的精神风貌。

会徽以黄、红、绿、蓝、紫为主色调，其中黄色象征黄土高原，红色象征革命圣地，绿色象征生态文明，蓝色象征现代科技，紫色象征文化魅力，整体呈现中华民族伟大复兴的深厚历史渊源和广泛现实基础。

■ 十四运会吉祥物

吉祥物设计方案以陕西秦岭独有的四个国宝级动物"朱鹮、大熊猫、羚牛、金丝猴"为创意原型，设计了一组幸福快乐、充满活力、精神焕发、积极向上的运动吉祥物形象。

迎**全运**盛会 树**文明**新风
"十四运"文化知识

朱鹮"朱朱",手举火炬,展翅飞跑;大熊猫"熊熊",张开双臂,热情奔放;羚牛"羚羚",健壮憨萌,阔步向前;金丝猴"金金",聪明智慧、灵动可爱。身着"富裕黄""圣地红""梦想蓝""生态绿"运动装的吉祥物组合,分别寓意奔向新时代、喜迎八方客、同享新生活、共筑中国梦。

"秦岭四宝"正以昂扬的斗志,不忘初心、团结一致,奔跑在建设体育强国、实现全面小康、构筑中华民族伟大复兴中国梦的道路上。

■ 主题口号

全民全运　同心同行

■ 宣传口号

1. 百年奋进新时代　万众共享新全运
2. 百年同铸盛世　万众共享健康
3. 全民全运奋进新时代　同心同德共创新辉煌
4. 新时代　新全运　新征程　新使命
5. 盛世全运　美好生活
6. 百年奋进新时代　万众共筑中国梦
7. 相聚红色热土　共享绿色全运
8. 百年小康路　健步新时代
9. 全民健身　共享健康
10. 健步新时代　共筑中国梦
11. 盛世全运　筑梦中国

12. 建党百年铸辉煌　全民全运享健康

13. 相聚丝路起点　共享盛世全运

14. 丝路起点新陕西　激情活力十四运

15. 为新全运加油　为新时代喝彩

16. 激情新时代　活力新全运

17. 相聚美丽陕西　放飞全运梦想

18. 全运陕西　好运中国

19. 美好生活　乐享全运

20. 盛世全运　绿色健康

会歌

追着未来出发

陈维东 词
印青、印倩文 曲

（简谱略）

歌词：
出发，出发，追着未来出发。出发，出发，追着未来出发。
当星星之火 点亮 万里中华，啦啦啦啦
当一把圣火 点燃 满城烟花，啦啦啦啦
啦啦啦 啊 铁锤镰刀 开创 东方神话。啦啦啦啦 啦啦啦
啦啦啦 啊 祖脉秦岭 托起 和合天下。啦啦啦啦 啦啦啦
黄河之水 化作深情 化作深情，
向往更快 更高更强 更高更强，
让
看巨轮追着未来出发。
看健儿追着未来出发。
让

迎**全**运盛会 树**文明**新风

"十四运"文化知识

（乐谱）

▎火炬

火炬方案取象党旗，取名"旗帜"，寓意在中国共产党的领导下中国发展变化和不断强大。2021年在建党100周年之际，举办第十四届全国运动会具有深厚的历史意义和重大的现实意义。

奖牌

金牌正面图

金牌背面图

银牌

铜牌

迎**全运**盛会　树**文明**新风

"十四运"文化知识

黑白线稿

篇二　全运盛会
第一章　魅力十四运

金牌奖牌绶带

银牌奖牌绶带

铜牌奖牌绶带

金牌　　　　　　银牌　　　　　　铜牌

奖杯

奖杯的造型源于柔美的丝绸、波清起伏的黄河水与连绵不断的秦岭山。在造型的设计语言上，通过对丝绸叠合方式的形态衍生，形成多方面的意义与理解。丝绸代表陕西以古长安为起点的旧丝绸之路及以西安为起点的新丝绸之路，具有划时代的意义。丝绸的自然叠合方式从俯视的角度看似波涛起伏的黄河水与连绵不断的秦岭山，三层的叠加代表三秦大地。截面形成的"S"字母型，代表陕西，寓意表达陕西为绿色生态、文明之省。陕西西安（古称长安）有十三朝古都之称，是历史文明的起点，三条丝绸叠合的方式又类似叠合的书目，用书来表达陕西的文化历史渊源。奖杯底座通过五层圆台叠加，有聚合的意思，五环叠加代表运动精神，同时又类似陕西的黄土高坡，寓意全国人民相聚三秦大地，全民同心运动。

奖杯图

宣传歌曲

2020年11月20日,中华人民共和国第十四届全国运动会宣传歌曲正式发布。经过多次听审、反复修改、严格审定,14首充满艺术魅力、饱含体育元素、体现陕西文化、彰显中国精神的优秀歌曲被确定为十四运会宣传歌曲。

序号	歌名	作词	作曲
1	《有梦就要创造精彩》	陈维东	龚佩燕
2	《青春中国》	秦 文	符译文
3	《梦想巅峰》	祁 越	朱宏亮
4	《今夜梦再启航》	海 天	吴 延
5	《骄傲的中华儿女》	周 澎	周 澎
6	《古都圣火》	屈 塬	龚佩燕
7	《健康中国嗨起来》	祁 越	王爱良
8	《夜长安》	李宏天	龚佩燕
9	《石榴花开迎客来》	陈维东	熊 纬
10	《大雁飞过三秦》	韩 葆	孟文豪
11	《爱上一座城》	祁 越	田晓耕
12	《丝路姑娘》	张 璞	夏正华
13	《大秦岭》	薛保勤	张千一
14	《风从千年来》	薛保勤	赵季平

赛事项目

第十四届全国运动会将于2021年9月15日在陕西省举办。竞赛项目共设34个大型赛事项目(大项)、51个分项、405个小项。陕西

迎**全运**盛会 树**文明**新风

"十四运"文化知识

将承办 32 个大项、47 个分项、368 个小项。帆船（板）、冲浪 2 个大项，皮划艇激流回旋、场地自行车、帆船（板）、冲浪 4 个分项，以及 37 个小项将外放办赛。其中，皮划艇激流回旋项目决赛阶段比赛将在四川攀枝花举行，场地自行车项目决赛阶段比赛将在河南洛阳举行，冲浪项目决赛阶段比赛将在海南万宁举行，帆船（板）项目男（女）帆板 RS 项目决赛阶段比赛将在山东潍坊、浙江宁波举行。

1. 游泳

【游泳】

男子（18 项）

女子（18 项）

男女混合（1 项）

【马拉松游泳】

男子（1 项）

女子（1 项）

【花样游泳】

女子（3 项）

游泳　　马拉松游泳　　花样游泳

【跳水】

男子（8 项）

女子（8 项）

【水球】

男子（1 项）

女子（1 项）

跳水　　　　水球

2. 射箭

男子（2 项）

女子（2 项）

男女混合（1 项）

射箭

3. 田径

男子（26项）

女子（25项）

男女混合（1项）

田径

4. 羽毛球

男子（3项）

女子（3项）

男女混合（1项）

羽毛球

5. 篮球

【五人制篮球】

男子（2项）

女子（2项）

【三人制篮球】

男子（2项）

女子（2项）

五人制篮球

三人制篮球

6. 拳击

男子（8项）

女子（5项）

拳击

7. 皮划艇

【静水】

男子（8项）

女子（6项）

【激流回旋】

男子（3项）

女子（3项）

皮划艇静水

皮划艇激流回旋

8. 自行车

【公路】

男子（3项）

女子（3项）

公路自行车

场地自行车

【场地】

男子（6项）

女子（7项）

【山地】

男子（1项）

女子（1项）

山地自行车

小轮车

【小轮车】

男子（2项）

女子（2项）

9. 马术

【三项赛】

个人、团体

【盛装舞步】

个人、团体

马术

【场地障碍】

个人、团体

10. 击剑

男子（6项）

女子（6项）

击剑

11. 足球

男子（2项）

女子（2项）

足球

12. 高尔夫球
男子（2项）
女子（2项）

13. 体操
【体操】
男子（8项）
女子（6项）
【蹦床】
男子（2项）
女子（2项）
【艺术体操】
女子（2项）

 高尔夫球
 体操
 蹦床
 艺术体操

14. 手球
男子（1项）
女子（1项）

15. 曲棍球
男子（1项）
女子（1项）

 手球
 曲棍球

16. 柔道
男子（7项）
女子（7项）
混合（1项）混合团体

17. 现代五项
男子（1项）：个人
女子（1项）：个人

 柔道
 现代五项

18. 赛艇
男子（7项）
女子（7项）

19. 橄榄球
7人制橄榄球

 赛艇
 橄榄球

男子（1项）

女子（1项）

20. 帆船

男子（6项）

女子（7项）

混合（3项）

21. 射击

男子（8项）

女子（7项）

混合（4项）

帆船

射击

22. 乒乓球

男子（3项）：单打、双打、团体

女子（3项）：单打、双打、团体

混合（1项）：混合双打

23. 跆拳道

男子（4项）

女子（4项）

乒乓球

跆拳道

24. 网球

男子（2项）：单打、双打

女子（2项）：单打、双打

混合（1项）：混合双打

25. 铁人三项

男子（1项）：个人

女子（1项）：个人

混合（1项）：混合团体接力

26. 排球

【排球】

男子（2项）

女子（2项）

网球

铁人三项

排球

【沙滩排球】

男子（2项）

女子（2项）

沙滩排球

27. 举重

男子（7项）

女子（7项）

28. 摔跤

【自由式】

男子（6项）

女子（6项）

【古典式】

男子（6项）

举重　　　摔跤

29. 棒垒球

【棒球】

男子（1项）

【垒球】

女子（1项）

棒球　　　垒球

30. 空手道

男子（4项）

女子（4项）

31. 滑板

男子（2项）：公园、街式

女子（2项）：公园、街式

空手道　　　滑板

32. 攀岩

男子（2项）

女子（2项）

33. 冲浪

男子（1项）：短板

女子（1项）：短板

攀岩　　　冲浪

34. 武术

【套路】
男子（3项）
女子（3项）
混合（1项）
【散打】
男子（4项）
女子（1项）

武术套路　　武术散打

场馆概览

西安奥体中心（一场两馆）位于西安国际港务区贯穿东西的中央景观主轴核心位置，是实现西安市"东拓"的战略高点。以"丝路启航，盛世之花"为立意，一个充满活力的奥体中心，由"一场两馆"及室外配套运动场地组成。总用地1089亩，净用地862亩，总建筑面积52万平方米。

西安奥体中心体育场： 新建甲级特大型体育场，建筑面积15.65万平方米，座位数60033个。以"丝路启航，盛世之花"为主题，建筑形态取意于石榴花，通过有韵律的变化，寓意丝绸之路。承担十四运会开幕式、田径比赛项目。

西安奥体中心体育馆：新建甲级大型体育馆，建筑面积10.83万平方米，座位数18000个。造型硬朗，致敬古长安的高台殿堂，与主体育场的端庄优雅形成动静之趣，刚柔并济。承担十四运会闭幕式。

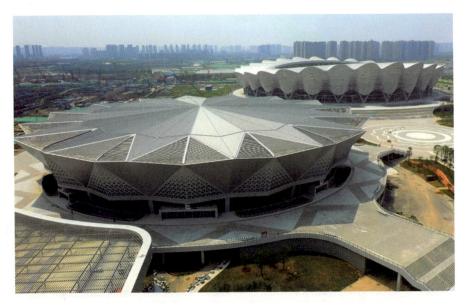

西安奥体中心游泳跳水馆： 新建甲级大型体育馆，建筑面积10.28万平方米，座位数4046个。以"鼎"作为建筑形体的本源，通过菱形柱廊与玻璃幕墙的虚实结合，蕴含鼎盛中华的寓意。承担十四运会游泳、跳水、花样游泳比赛项目。

西安全运村： 位于西安市国际港务区，总用地 1000 余亩。由运动员村、技术官员村、媒体村组成"三村"，共 78 栋楼，总建筑面积近 90 万平方米，满足 13000 余人同时入住，相关生活配套服务设施近 10 万平方米，为赛事期间运动员、技术官员、媒体记者及相关人员日常生活服务。

西安秦岭国际高尔夫球场： 位于西安市鄠邑区草堂旅游度假区，占地 1200 余亩，球道总长 7240 码，18 洞，72 杆，果岭面积 1.16 万平方米，水域面积约 3.73 万平方米；沙坑 108 个，约 1.21 万平方米。承担十四运会高尔夫比赛项目。

西安城市运动公园体育馆： 位于西安市未央区凤城八路市政府东侧。由体育馆和训练馆两部分组成，甲级体育馆，体育馆建筑面积18054平方米，座位数约7500个，训练馆总建筑面积11397平方米。承担十四运会篮球（女子成年）比赛项目。

西安城市运动公园比赛场地： 位于西安市未央区凤城八路市政府东侧，城市运动公园内，室外场地。承担十四运会三人制篮球比赛项目。

阎良区户外运动攀岩场地：位于西安市阎良区石川河南岸阎良石川河极限运动中心内，室外场地，建筑面积约 800 平方米，包含四个速度区、四个难度区，与滑板场地共用 1500 平方米集装箱配套用房，座位数约为 1000 个。承担十四运会攀岩比赛项目。

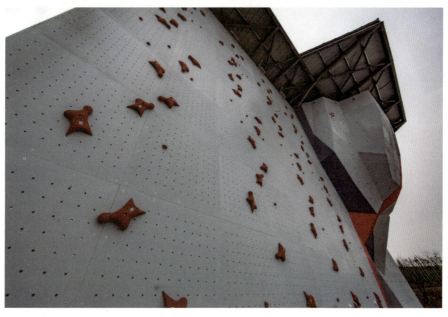

阎良区户外运动滑板场地：位于西安市阎良区石川河南岸阎良石川河极限运动中心内，室外场地，总建筑面积约4325平方米，包括滑板碗池约1350平方米，滑板街式约1375平方米，与攀岩场地共用1500平方米集装箱配套用房，座位数约为1000个。承担十四运会滑板比赛项目。

西安马拉松场地： 为现有路线改造提升，户外项目，承担十四运会马拉松比赛项目。

长安常宁生态体育训练比赛基地： 位于长安区常宁新城樊川路以南潏河北岸。甲级体育馆，占地面积361.5亩，总建筑面积81545平方米，地上建筑面积64675平方米，其中竞赛训练比赛用房32430平方米，通用配套用房32245平方米，地下建筑面积16870平方米。国家级综合体育比赛及训练场馆，主要建筑物有综合射击馆、飞碟靶场、射箭靶场、400米田径场、枪弹库、通用配套用房6个单体，综合射击馆内设25米靶场、决赛靶场、50米靶场、10米靶场和赛事通用体能训练馆。承担十四运会射击（步手枪、飞碟）和射箭比赛项目。

陕西奥体中心体育馆： 位于西安市高新区省体育训练中心园区内。甲级大型综合性场馆，总建筑面积为 72450 平方米，分为比赛馆和训练馆，其中比赛馆座位数 6964 个。承担十四运会体操、击剑比赛项目，为闭幕式备用场馆。

陕西省体育训练中心： 位于西安市雁塔区丈八东路，占地面积约1500亩，设施齐全，有游泳馆、跳水馆、田径馆、网球馆、举重馆、摔跤馆、柔道馆、拳击馆、武术馆、体操馆、艺术体操馆、跆拳道馆、篮排球综合馆、全民健身馆等16个场馆；配有公寓约5万平方米，2个大型餐厅；室外场地有32个（田径场、足球场、篮球场、排球场、网球场、羽毛球场、高尔夫球场等）。承担十四运会现代五项比赛项目。

陕西省水上运动管理中心： 位于杨凌农业高新技术产业示范区南端。园区占地面积1552亩，其中水域面积700亩、陆地面积852亩。园内竞赛、训练设施、配套设施齐全。承担十四运会皮划艇静水、赛艇比赛项目。

陕西省体育场：位于西安市南二环长安立交西北部。建筑物为椭圆形钢筋砼框架结构，场内建有符合国际田联比赛要求的塑胶跑道、标准足球场、足球训练场地，属于多功能用途综合场馆。看台分为 A 至 H 八个区域，座位数 42383 个。承担十四运会足球比赛项目，为开幕式备用场地。

篇二 全运盛会
第一章 魅力十四运

陕西省体育场副场：为陕西省体育场副场地，承担十四运会足球比赛项目。

西安体育学院手球馆： 位于西安体育学院鄠邑校区内。占地面积20026平方米，甲级大型体育馆，总建筑面积34950平方米，其中地上32870平方米，地下2080平方米，总座位数6567个。承担十四运会手球比赛项目。

西安体育学院曲棍球、棒球、垒球、橄榄球四场地：位于西安体育学院鄠邑校区内。由曲棍球、棒球、垒球、橄榄球比赛场地、看台、赛事服务附属设施用房及其室外设施组成。其中比赛场地10块，看台及赛事服务附属设施用房建筑面积21921平方米。曲棍球赛场总座位数3096个，地上两层，总高15.95米；棒球主赛场总座位数3123个，地上两层，总高11.45米，副赛场总座位数1159个，地上一层，总高6.65米；垒球赛场总座位数2921个，地上两层，总高11.45米；橄榄球主赛场总座位数5088个，地上两层，总高18.35米。承担十四运会曲棍球、棒球、垒球、橄榄球比赛项目。

迎**全运**盛会　树**文明**新风

"十四运"文化知识

赛事指挥和新闻媒体中心：位于西安市唐延路与科技八路十字交汇处，占地面积约57.93亩，整体布局为3栋塔楼，底部4层为围合式裙楼。作为十四运会新闻媒体中心和赛事指挥中心，承担赛事的组织协调和信息处理等功能。

西安电子科技大学体育馆：位于西安市西沣路西安电子科技大学南校区，由主馆和训练馆组成，甲级体育馆，总建筑面积23509平方米，由地上主馆15392平方米（净高17米）、训练馆5776平方米（净高10米）和地下人防、设备用房构成，座位数5996个。承担十四运会羽毛球比赛项目。

西安中学体育馆：位于西安中学学校西北角，占地面积约17亩，乙级体育馆，总建筑面积20713平方米，分主馆和副馆。主馆地下一层，地上一层局部三层，层高5米，建筑高度22.75米；副馆层数为地上两层，层高5米，座位数2135个。承担十四运会排球（男子U20）比赛项目。

西北工业大学翱翔体育馆： 位于西北工业大学长安校区东北角，乙级体育馆，占地面积约30亩，由主馆和副馆组成，主馆座位数4912个，副馆场地面积约2000平方米。承担十四运会排球（女子成年）比赛项目。

西北大学长安校区体育馆：位于西北大学长安校区，为甲级综合型体育馆，总建筑面积33800平方米，固定座位6000个，总座位数9529个。承担十四运会蹦床、艺术体操比赛项目。

西安工程大学临潼校区文体楼： 位于西安工程大学临潼校区内，乙级体育馆，占地面积约 9100 平方米，框架结构，建筑面积约 16492 平方米，总座位数 3500 个，建筑物地上两层，局部三层。承担十四运会空手道比赛项目。

宝鸡市体育场： 位于宝鸡市渭滨区石鼓路 2 号，占地面积约 157 亩，建筑面积约 54000 平方米，室外场地面积约 68000 平方米，室内场地面积约 27000 平方米，座位数约 28000 个。承担十四运会足球比赛（男子 U18）项目。

宝鸡市游泳跳水馆：位于宝鸡文理学院新校区西北角，占地约35亩，建设面积27450平方米，由地下设备用房、跳水池、游泳池、观众席、辅助用房等组成，座位数1800个。承担十四运会水球比赛项目。

宝鸡职业技术学院体育场：宝鸡职业技术学院足球场占地18000平方米，容纳人数4000人左右，看台座位数1500个。场内有400米8道塑胶跑道，人造草皮足球场。足球场位于宝鸡高新区高新十三路东侧，紧邻高新大道。承担十四运会足球（男子U18）比赛项目。

咸阳奥体中心体育场：位于北塬一路以北、南湖以西、平福大道东侧。甲级体育场，占地面积318亩，建筑面积71646平方米，室内场地面积1157平方米，室外场地面积56000平方米，座位数38071个。承担十四运会足球比赛项目。

咸阳职业技术学院体育场： 位于关中平源腹地，陕西省西咸新区沣西新成统一大道1号咸阳职业技术学院内。2009年建成正式投入使用，建筑面积27886平方米，拥有标准比赛天然草坪足球场，座位2500个。承担十四运会足球（男子U20）比赛项目。

咸阳职业技术学院体育馆：位于沣西新城统一大道南侧，白马河路东侧，乙级体育馆，体育馆地上一层，局部三层，建筑面积14822.6平方米，座位数3933个。承担十四运会武术套路比赛项目。

铜川体育馆： 位于铜川市新区文化体育基地内，乙级体育馆，总建筑面积24150平方米，体育馆地上一层，局部四层，建筑高度25米，设有座位5000个。承担十四运会五人制篮球比赛（男子U22）项目。

渭南市体育中心体育场：位于渭南市渭清路与乐天大街十字西北角，市体育中心西，乙级体育场，建筑面积37740平方米，座位数32000个，南北长290米，东西宽217米，高72.9米。场地内有标准的天然草坪足球场和9道400米标准田径场。承担十四运会足球比赛项目。

渭南市体育中心体育馆： 位于渭南市渭清路与乐天大街十字西北角，市体育中心东北部，乙级体育馆，建筑面积21690平方米，座位数3700个。馆内由两部分组成：中部为篮球、举重、体操、排球等项目比赛场地；北部为羽毛球、乒乓球等项目比赛场地，同时可作为单项比赛的热身场地。承担十四运会举重比赛项目。

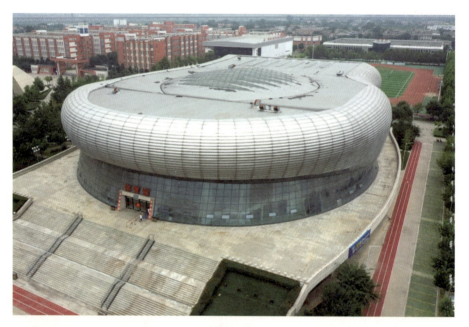

大荔沙苑沙排场地：位于渭南市大荔县沙苑地区，占地面积100亩。主场地5445平方米，有训练场、热身场8个，配套给排水、电力、道路、绿化及停车场等，主场地座位数2388个。承担十四运会沙滩排球比赛项目。

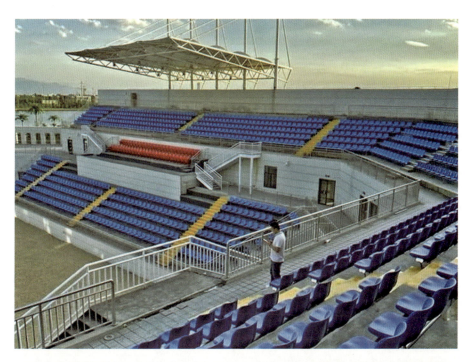

渭南师范学院篮球馆： 位于渭南师范学院朝阳校区内。占地面积 21800 平方米，总建筑面积 23890 平方米，其中地下建筑面积 4955 平方米，地上建筑面积 18935 平方米，框架结构，地下一层、地上三层。分为教学训练部分及竞赛部分，共有篮球场地 3 个，座位数 3500 个。承担十四运会篮球（女子 U19）比赛项目。

渭清公园足球场： 位于渭南市渭清路与胜利大街十字西北角渭清公园内，占地约 20 亩，按照标准十人制天然草坪足球比赛场地建设，承担十四运会足球（女子 U18）比赛项目。

黄陵国家森林公园山地自行车场地： 位于黄陵国家森林公园内，自然景观怡人，交通便捷，配套齐全。赛道围绕自然山地、丘陵、河谷等多种地貌进行路面设计。赛道规划宽 2 至 4 米，长约 4 至 6 千米，沿途设置赛道补给点、修理站、观赛区、标识指示牌和医疗救援、电子网络设备等设施场地。承担十四运会山地自行车比赛项目。

迎**全运**盛会　树**文明**新风

"十四运"文化知识

延安体育中心体育馆： 位于延安市新区全民健身运动中心，甲级体育馆，总占地面积约733亩，地上建筑面积12285平方米，体育馆6000个，地下建筑面积三馆共用。承担十四运会摔跤比赛项目。

延安大学体育馆： 位于延安市新区延安大学校区内，乙级体育馆，总建筑面积 27520.55 平方米，体育馆建筑面积 20014.53 平方米，座位数 4060 个。承担十四运会乒乓球比赛项目。

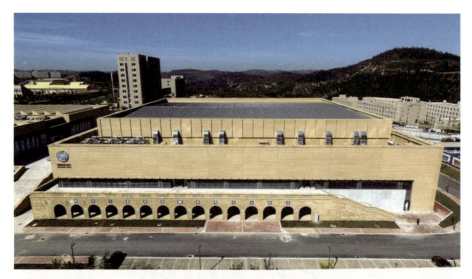

榆林职业技术学院体育馆：位于榆林市高新区榆林职业技术学院西南侧，乙级体育馆，建筑面积 29188.35 平方米，包括竞赛馆、热身训练馆、游泳馆训练馆及报告厅，其中竞赛馆设座位数 5000 个。承担十四运会排球（男子成年）、拳击比赛项目。

汉中体育馆： 位于汉中市南郑区天汉大道南段，乙级体育馆，建筑面积13481平方米，座位数4280个。承担十四运会跆拳道比赛项目。

汉中铁人三项场地：位于汉江畔的"一江两岸"风景区，运动员在汉江水面完成1.5千米游泳赛段后，将在汉江龙岗大桥至汉江桥闸的沥青路面连续进行40千米自行车骑行和10千米跑步。承担十四运会铁人三项比赛项目。

安康市体育馆：位于安康市高新区长春路，甲级体育馆，占地面积 160 亩，总建筑面积 36800 平方米，座位数 5000 个。承担十四运会武术—散打比赛项目。

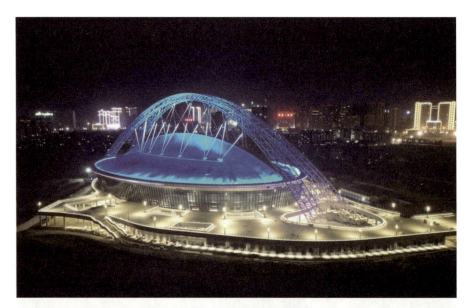

安康汉江公开水域：位于安康市汉滨区瀛湖镇湖心村翠屏岛区域，占地面积226亩，总建筑面积19036平方米。具体项目包括全运之家酒店、全运会综合理疗中心、贵宾接待楼、赛道（2.5km×4）、媒体工作室等。承担十四运会马拉松游泳比赛项目。

迎**全运**盛会 树**文明**新风

"十四运"文化知识

商洛市体育馆：位于商洛市丹南新区，东临商鞅大道，西靠丹南大道，南傍马莲峪河，北邻商洛职业技术学院，乙级体育馆，占地面积 32 亩，建筑面积 12000 平方米，座位数 4100 个。承担十四运会排球（女子 U19）比赛项目。

商洛公路自行车场地： 位于商洛市蟒岭绿道，该绿道为陕西省目前规划路段最长、起点最高的秦岭绿道，赛道全长 41 千米，南起商州区夜村镇杨塬村 312 国道，途经商州区北宽坪镇，北至洛南县城关街道办事处唐村 307 省道。承担十四运会公路自行车比赛项目。

韩城西安交大基础教育园区体育馆： 位于韩城市新城区韩塬路以东，西安交大韩城基础教育园区西侧。占地面积32.42亩，总建筑面积24003.53平方米。乙级综合体育馆，分主馆和副馆两部分，主馆作为十四运会柔道比赛场地，副馆作为运动员赛前热身使用，座位数4578个。承担十四运会柔道比赛项目。

杨凌网球中心： 位于杨凌示范区内，北靠滨河西路，南临陕西省水上运动中心。占地 142.24 亩，总建筑面积 3.5 万平方米，配套设施齐全。中心包括：一个约 4110 座的中央球场，一个约 1200 座的副主场，10 片室外标准比赛场地（约 200 座），4 片室外标准训练场地，一个室内网球馆（5 片标准比赛场地，约 490 座）。承担十四运会网球比赛项目。

西咸新区秦汉新城马术比赛场地： 位于西咸新区秦汉新城茶马大道以东、旅游路以北、芋子沟水域以南、秦汉新城东边界以西区域。包括满足盛装舞步、场地障碍、越野赛要求的马术比赛场地，运动员公寓、马厩、马医院，以及赛前活动场地、场馆运行区、观众活动区、新闻媒体区和礼宾区等相关配套设施，总占地400余亩。承担十四运会马术比赛项目。

西咸新区小轮车场地：位于西咸新区秦汉新城茶马大道以东、旅游路以北、芋子沟水域以南、秦汉新城东边界以西区域，与马术比赛场地相邻。包括小轮车比赛场地、运动员公寓等。承担十四运会小轮车比赛项目。

十四运会体育图标

十四运会体育图标是十四运会重要的视觉形象元素之一，是构成十四运会形象最直观的重要组成部分，更是展示办会理念和承办地文化、传播体育精神的视觉传播载体。

十四运会体育图标设计理念取自中国传统文化"天人合一"哲学思想，图标造型由圆环形内代表全运会各运动项目特征的运动人形共同构成。闭合的圆周环形象征周而复始、永无休止的运动天体，运动的人形在圆环内呈现着各个运动项目的造型，体现出人和自然的融合相通，顺乎自然规律，达到人与自然和谐的极致状态。"天人合一"理念下灵动的小人，在艺术创作方面，展现出了所有运动员的特点——活力与激情。

十四运会体育图标超越了语言文字传播承办地文化的局限性，广泛应用于十四运会道路指示系统、出版物、广告宣传、场馆内外的标示和装饰、赛时运动员和观众、参赛和观赛指南、电视转播、奖章证书、纪念品设计等领域，与十四运会其他视觉形象元素结合使用具有极强的感染力。

篇二 全运盛会
第一章 魅力十四运

107

迎**全运**盛会 树**文明**新风

"十四运"文化知识

棒球	垒球	空手道	滑板	攀岩
冲浪	武术套路	武术散打	气排球	毽球
滑轮	地掷球	龙舟	围棋	象棋
国际象棋	桥牌	广场舞	广播体操	太极拳
健身气功				

竞赛项目吉祥物设计

34 个大项竞赛项目，有吉祥物的运动项目大项 32 个，小项 4 个。

朱鹮（朱朱）

1. 乒乓球　2. 羽毛球　3. 皮划艇　4. 冲浪　5. 网球　6. 艺术体操　7. 跳水　8. 帆船

乒乓球

羽毛球

迎**全运**盛会　树**文明**新风

"十四运"文化知识

皮划艇　　　　　　　　　　冲浪

网球　　　　　　　　　　　艺术体操

跳水　　　　　　　　　　　帆船

大熊猫（熊熊）

1.射击　2.空手道　3.手球　4.柔道　5.武术　6.射箭　7.摔跤　8.棒球　9.赛艇

射击　　　　　　　　　　　空手道

迎**全运**盛会　树**文明**新风

"十四运"文化知识

手球　　　　　　　　　　柔道

武术　　　　　　　　　　射箭

篇二 全运盛会
第一章 魅力十四运

摔跤

棒球

赛艇

羚牛（羚羚）

1. 击剑　2. 高尔夫　3. 田径　4. 举重　5. 拳击　6. 曲棍球
7. 篮球　8. 橄榄球　9. 排球　10. 跆拳道

击剑　　　　　　　　　　高尔夫

田径　　　　　　　　　　举重

篇二 全运盛会
第一章 魅力十四运

拳击　　　　　　　　曲棍球

篮球　　　　　　　　橄榄球

115

迎**全运**盛会　树**文明**新风

"十四运"文化知识

　　　　排球　　　　　　　　　　　跆拳道

金丝猴（金金）

　　1. 滑板　2. 自行车　3. 游泳　4. 水球　5. 蹦床　6. 攀岩　7. 足球　8. 体操　9. 马术

　　　　滑板　　　　　　　　　　　自行车

篇二 全运盛会
第一章 魅力十四运

游泳　　　　　　　水球

蹦床　　　　　　　攀岩

迎**全运**盛会 树**文明**新风

"十四运"文化知识

足球

体操

马术

宣传海报

迎**全运**盛会　树**文明**新风

"十四运"文化知识

篇二 全运盛会
第一章 魅力十四运

迎**全运**盛会 树**文明**新风
"十四运"文化知识

 中华人民共和国第十四届运动会
THE 14TH GAMES OF THE PEOPLE'S REPUBLIC OF CHINA

篇二 全运盛会
第一章 魅力十四运

迎**全**运盛会　树**文明**新风

"十四运"文化知识

篇二 全运盛会
第一章 魅力十四运

迎全运盛会　树文明新风
"十四运"文化知识

第二章
全运会撷英

■ 第一届

中华人民共和国第一届全运会于 1959 年 9 月 13 日至 10 月 3 日在北京市举行，参赛的有各省、市自治区等 29 个代表团 10658 名运动员。共设 36 个比赛项目和 6 个表演项目。

【会徽】

会徽由金色的跑道、金色的麦穗和夸张的红"1"字组成，麦穗代表中华人民共和国成立 10 年的丰硕成果，而似乎要冲出跑道的"1"字恰似上升的"箭头"，象征着人们热火朝天建设新中国的激情。

【主题口号】

发展体育运动　增强人民体质

■ 第二届

第二届全运会于 1965 年 9 月 11 日至 9 月 28 日在北京市举行。开幕式上，1.6 万余人表演了大型团体操《革命赞歌》。30 个代表团共有 5922 名运动员参加。

【会徽】

会徽由金色的跑道，醒目的"2"字和一面飘扬的五星红旗构成，跑道上方的红旗飘扬，象征高举社会主义伟大旗帜。

【主题口号】

敢于胜利　善于斗争

第三届

第三届全运会于1975年9月12日至9月28日在北京市举行，有包括台湾在内的31个代表团共12497名运动员参加，比赛项目设28项，10项表演项目。

【会徽】

会徽背景从金色的跑道变成了圆形的体育场，寓意全国人民强烈要求安定团结的愿望；圆形的体育场上依然飘扬着一面五星红旗，表示继续高举马列主义毛泽东思想伟大旗帜。

【主题口号】

友谊第一　比赛第二

第四届

第四届全运会于1979年9月15日至9月30日在北京市举行。有包括台湾在内的31个代表团共15189名运动员参加，比赛项目有34项，及团体操表演项目。

【会徽】

会徽由金色的跑道和燃烧的火炬组成,当时正值拨乱反正改革开放,火炬象征着继往开来,进行社会主义现代化建设。

【主题口号】

锻炼身体　锻炼意志　为实现四个现代化贡献力量

第五届

第五届全运会于1983年9月18日至10月1日在上海市举行,比赛项目有26项,表演项目1项,31个代表团共8943名运动员参赛。

【会徽】

会徽首次运用中西文结合的表现手法,图案立意新颖,横放的跑道,加上与之垂直的国旗,形成"中"字,象征"建设有中国特色的社会主义",第五届的五字改用罗马数字"V",又是国际公认的"胜利"代号,象征着党的十一届三中全会以来各条战线均取得伟大胜利。

【主题口号】

提高水平　为国争光

第六届

第六届全运会于1987年11月20日至12月5日在广东省举行,这是当时我国历史上规模最大的一次体坛盛会,共有37个代表队7228名运动员参加决赛,设44项比赛项目。

【会徽】

会徽由醒目的"6"象征火炬，跑道则形象地表达出"羊"的韵意。火焰变形而成的"6"，意味着第六届全运会以"羊"字的三横引申为跑道，表示全运会在广州（羊城）举行。

【主题口号】

冲出亚洲　走向世界

【吉祥物】

"阳阳"是全运会的第一个吉祥物，由于1987年第六届全运会的举办地广州素有"羊城"之称，组委会决定以城市的标志——山羊作为吉祥物。"阳阳"也是中国体育史上第一个正式的吉祥物。

第七届

第七届全运会由北京市承办，秦皇岛市和四川省协办。北京赛区的比赛于1993年9月4日—9月10日举行。除参加前期若干项目比赛和成都赛区项目比赛的运动员外，北京主赛区共有7551人参加。

【会徽】

会徽图案是一把燃烧的火炬，火焰由罗马字母Ⅶ（七）变形而成；手柄成跑道造型，由两个相反的"7"组成，点明届数。

【主题口号】

以亚运精神办七运　以七运风采争奥运

【吉祥物】

金鸡"明明"。1993年是农历鸡年，在这一年举行的第七届全运会，设计了这只小公鸡作为吉祥物，它手持火炬，大步向前，它的名字叫"明明"，有着金鸡报晓的意思。

第八届

第八届全运会于1997年10月12日至10月24日在上海市举行。

【会徽】

会徽图案由代表八运会的数字"8"和代表上海的汉语拼音字母"S"重新组合，图形外围是红色的"8"，中心形成一个白色的"S"，视觉上像一把火炬，又像一朵上海市花白玉兰；下半部分以"8"字为基础，像上海8万人体育馆，一环套一环，象征着全国人民大团圆。

【主题口号】

提高体育运动水平　振奋中华民族精神

【吉祥物】

1997年上海八运会的吉祥物是卡通牛"圆圆"，而那一年正是农历的牛年。按照牛年画牛的设计思路，"圆圆"采用了卡通牛的绘画技巧，取"初生牛犊不怕虎"之意。

迎**全运**盛会　树**文明**新风

"十四运"文化知识

第九届

第九届全运会于 2001 年 11 月 11 日至 11 月 25 日在广东省举行。

【会徽】

会徽中间丰满，两端渐细的曲线给人无限的延伸感，配合倾斜的线条，更显奔腾飞跃之意。对比鲜明的红、黄、蓝三色，对视觉有强烈的冲击力。造型洒脱地勾勒出一个"9"，既直接传达了九运会的信息，又宛如一位矫健、充满活力、奋发向上的运动员，豪迈跨入新世纪。

【主题口号】

铸九运辉煌　展中华风采

【吉祥物】

2001 年广东九运会的吉祥物以广东南狮（也叫醒狮）为原型的"威威"，寓意站起来的东方巨人，跨入新世纪，自强于世界民族之林的时代特色。

第十届

第十届全运会于 2005 年 10 月 12 日至 10 月 23 日在江苏省举行。

【会徽】

会徽图案由数字"10"变化而来，又是一个 S 的变形，S 是英文"体育"（sports）的首字母，也是江苏简称"苏"的拼音首字母，整个画面造型以倾斜的、流动的线与面结合，在

简洁的"S"型主线上，龙、虎、火相互穿插呼应。会徽图案为红黄两色，既是中国最吉祥和欢乐的颜色，又是中国国旗的色彩组合。会徽设计意在以虎踞龙盘的艺术形象，体现江苏丰厚的历史文化底蕴和浓郁的地域特征，以及竞技体育生龙活虎的鲜明特点。

【主题口号】

拼搏 2005　　梦圆 2008

【吉祥物】

金麟，取材中国传统吉祥物"麒麟"的全运会吉祥物取名"金麟"，与"金陵"谐音。它富有人性化的动作和孩童般天真灿烂的笑容，体现了东道主江苏人民的热情、开朗和友善。

第十一届

第十一届全运会于 2009 年 10 月 16 日至 10 月 28 日在山东省举行。代表团共有 41 个省市及体育协会。

【会徽】

会徽以"和谐中华、活力山东"命名，以 8 个"竞技人形"为主要构成元素。整体结构创意来源于中国古代文字小篆中繁体"中华"的"华"字，代表此次运动会是全中国人民的一次体育盛会；其中造型语言借鉴中国传统吉祥饰物"四喜人"的手法，共用人形，巧妙地完成了 8 个运动人形的组合，在点明"第十一届"全运会的同时还具有吉祥美好的象征意义；会徽整体图形创意还融合了中国传统纹样"同心结"的概念，寓意此次全运会将是一次"团结、和谐、圆满"的体育盛会。

【主题口号】

和谐中国　全民全运

【吉祥物】

吉祥物"泰山童子"结合泰山"石敢当"传说，给拟人化的泰山石赋予了更加丰富的吉祥寓意，是历史和自然文化与当代视觉艺术的交流，充满了和谐与圆满、提高与发展的良好祝福。

▌第十二届

第十二届全运会于2013年8月31至9月12日在辽宁省举行。本届全运会主赛区设在沈阳市，辽宁省其他13个地市均设有分赛区，共有自各省（市、区）、解放军、行业体协的33支代表团9000多名运动员参加。设31个大项、40个分项、350个小项。

【会徽】

会徽以"中国力量继往开来"作为创意构想的原点，将庄重大气的数字"12"造型、辽宁拼音缩写"LN"造型、灵动优美的中华龙鸟造型，以及动感有力的运动人形巧妙同构，图形简洁富有张力，色彩鲜明充满时代活力。

【主题口号】

全民健身　共享全运

【吉祥物】

第十二届全国运动会吉祥物——"宁宁"的创意灵感来源于具有"渤海明珠"美誉的斑海豹。斑海豹来自渤海辽东湾。那里是我国斑海豹主要的繁

衍、栖息地；那里有成立于1997年的我国唯一的国家级斑海豹自然保护区；那里有民间与政府联动、共同保护斑海豹栖息地的默契与信任；那里是怀抱辽东湾的东北唯一沿海省份、富有海洋文化底蕴的辽宁。

第十三届

第十三届全运会于2017年在天津市举行。

【会徽】

会徽主体形象由"津""十三""张开双臂的人形"和"海河"等元素组合构成"火炬"的造型，体现全运会"全运惠民健康中国"的主题。

用书法书写的"津"字体现中国文化特征，倾斜角度和手写的"13"给人以运动感，是对"更高、更快、更强"的奥林匹克精神的追求。

【主题口号】

全运惠民　健康中国

【吉祥物】

吉祥物取名为"津娃"，取名点明了运动会主办地——天津。"津娃"手持全运火炬，传递出了全运精神和天津人民期盼"全运"的心愿，而火苗为"13"的形态，又传递出"第十三届"的信息。"津娃"身着象征着富贵、吉祥、幸福的牡丹花，寓意繁荣富强，也预示着中华民族全面实现小康社会和中国梦的美好愿望。"津娃"脚踩虎头鞋，挥舞红色绸带做出跳跃的动作传递出了运动的概念，同时预示出虎虎生威、红红火火的团结奋进的景象。

第三章
志愿服务

▍志愿服务

根据十四运会志愿者服务领域、岗位设置情况、赛事规模和赛区分布，组委会招募十四运会赛会志愿者 1.5 万名；城市志愿者 8 万名；社会志愿者 20 万名。

赛会志愿者的招募时间为 2020 年 9 月 20 日至 11 月 30 日，城市志愿者的招募时间为 2021 年 1 月 1 日至 4 月 30 日，社会志愿者的招募时间为 2021 年 4 月 1 日至 6 月 30 日。

赛会志愿者将在十四运会时承担大量重要的服务任务，按照服务领域可分为通用志愿服务、竞赛志愿服务和专项志愿服务。其中，通用志愿服务包括咨询引导、看台服务、内勤服务、形象展示、语言翻译等 22 类岗位；竞赛志愿服务包括裁判辅助、竞赛服务、检录服务、器材保障等 11 类岗位；专项志愿服务包括全运村服务、赛事指挥和新闻媒体发布中心服务、酒店接待服务（嘉宾、团部）、开（闭）幕式形象展示服务等 15 类岗位。

▍基本能力

自理能力：一切生活方面自己能够照顾好自己，包括身体健康，无重大病史与其他不良疾病；能够独立生活，规避危险，能够处理好自身的卫生、安全。

沟通能力：普通话标准，具有一定的外语口语表达能力，能够完成与其他志愿者、负责人、与会人员等的沟通交流。情商高，为人随和，易与人相处，能够处理好人际关系。

学习能力：能够在实际应用过程中，敏锐发觉自己在什么方向有欠缺与不足，团结友爱，善于从团队内其他成员身上学习相关技能以不断丰富自己，积极学习新事物以适应实际应用情况。

观察能力：在日常服务当中，能积极观察身边情况。对于可能存在的危险，观察要敏锐，如遇到特殊情况，要及时上报。

谨慎能力：谨遵职责要求，做职责范围以内的工作，如遇到界限不清楚或责任不明确的工作及时报备询问，不轻易许诺、不轻易提供对方提出的职责外的服务或请求。

专业能力

参与十四运会志愿活动的志愿者，包括引导志愿者、接机志愿者、检录志愿者、礼仪志愿者、医疗志愿者和新媒体志愿者等。结合各岗位的具体分工要求，将相应的能力要求列示如下。

1. 通用能力

（1）熟悉活动场地：熟悉场地的构造与路线规划，明确各场地的相应用途，熟悉各种交通工具的运营情况及所需要的资费情况。做到将会场区域及周边布局烂熟于心，有问必答。

（2）了解比赛流程：对于各场所的开（关）门时间、具体赛会议程等有基本的了解与把握，以方便各组之间及组内工作的协调、安排、调度。

2. 具体能力

（1）引导志愿者：需要对自己服务的会场内部构造更加熟悉，明确各点具体位置及采取不同交通工具所需要的时间，方便对不同健康状况、不同具体情况的服务对象进行引导（如从 A 点到 B 点步行需要多长时间，老人、儿童需要多长时间）。

对于会场可能提供的代步工具有清晰的了解与跟踪。当存在轮椅服务时，对于轮椅借出、回收情况及具体位置进行跟踪。当存在摆渡车服务时，对于摆渡车间隔时间等有明确的跟踪。

对于会场可能提供的简餐、茶饮等区域的位置，具体开放时间，具体服务内容，准入人群等有明确的把握，以便在具体应用中及时将人流分散至可以提供服务的服务点。

与其他组志愿者保持畅通联系，以方便其他组接待工作的有序进行。

（2）接机志愿者：对机场构造与路线要熟悉。明确航站楼之间位置距离、进站口和出站口电梯位置，以及一些标志性陈设、餐厅位置等；做到能听到描述找到位置、找到人。

对航班变动情况熟悉。安装有航旅纵横等航班信息软件，及时跟踪被接待对象航班起落延误等情况。

合理协调分组。对于需要一车接几位来宾的情况，考量来宾关系、是否有共同语言、是否需要配备翻译志愿者，存在延误情况的来宾是否需要换组对接，餐点到达的来宾是否需要先行用餐或进行车上备餐等。

对被接待对象有了解。除明确来宾身份、称呼外，尤其要关注不同民族、不同国家、不同宗教信仰的来宾的基本情况，协调翻译、餐饮等安排。

保持礼貌。除基础礼貌外，应尤为关注来宾的习惯、风俗等。在具体服务中保证来宾不落单、不离开视线、不拘束。

与司机师傅保持畅通合作。应存有司机师傅联系方式，对于来宾即将到达需要师傅提前打开空调、需要师傅于某位置等待、需要对来宾数量与行李数量确认等，要与司机师傅及时保持沟通联络。

合理规划行程路线。安装相应导航软件，在来宾出发前，结合来宾情况（如是否需要先行就餐、是否需要提前放行李等）与司机师傅商议确定更加合理的路线。

（3）检录志愿者：明确赛事具体议程，包括何时禁止进入、何时开启通道等。

明确各出口、入口的通向，具体进行的检录内容和时间。

明确看台位置、分布，与引导志愿者沟通以调整检录进度等。

设立应急预案，对于可能存在的沟通、工作等情况进行预演协调。

除此之外，还可以设置机动组志愿者和专项志愿者。

具备其他志愿者所需要拥有的所有能力，并保持联系方式畅通。

在场地内进行巡视观察，保证对情况的把握与熟悉。

（4）礼仪志愿者：清楚基本礼仪要求（详见"附：文明礼仪规范"），对自身工作性质有良好认识。

（5）医疗志愿者：了解基本医疗救治方法，如心肺复苏，外伤、骨伤简易包扎等。

了解部分疾病急性发作及处理方式，如癫痫发作、哮喘发作等。清楚常见病、外伤用药以及用药禁忌。遇到自己无法处理的情况，积极联络医疗救护团队。

（6）新媒体志愿者：对于设备可能存在的故障问题足够熟悉，保障参与服务设备工作正常。

熟悉服务过程、工作开展、人员分工逻辑，在出现问题时能准确判断事出原因。

熟悉不同设备操作方法，必要时可以承担相应工作。

篇三 道德规范

迎全运盛会　　树文明新风

第一章
中华传统美德

中华传统美德是指在中华民族历史上流传下来的、在今天仍有强大生命力的优秀道德规范、行为等的总和。中国是文明古国、礼仪之邦，重德行、贵礼仪。中华传统美德是中华文化的精髓，也是新时代道德建设的不竭源泉。

中华传统美德的形成和发展已经有几千年的历史，从口头传承到有文字记载，内容博大而精深，影响广泛而深远。

■ 仁

仁，亲也，指亲切。古代儒家的一种含义极广的道德范畴，旧指具有仁德的人。"仁"是指同情、关心和爱护的心态，反映出仁爱的精神。"仁"是儒家思想中最重要的一个核心概念，由孔子首创并赋予其丰富的内涵。"唯仁者能好人，能恶人。"（《论语·里仁》）"仁"是人最基本的品德，只有仁德的人，才能做到客观公正，喜欢真正的善人，憎恨真正的恶人。"不仁者不可以久处约，不可以长处乐，仁者安仁，知者利仁。"（《论语·里仁》）不仁的人不会淡然的长久处于贫困或者安乐的生活境况中，他们会因为长久贫困而铤而走险、胡作非为；或者因为长期安乐而骄奢淫逸、腐化堕落，很难保持人的本心。

孟子进一步发展了孔子"仁"的学说，将"仁"由个人修养上升到治理国家，提出了"仁政"的概念，强调"以民为本""为政以德"。

■ 义

义，己之威仪也，指自己的仪容举止。事之宜：正义，指思想行为符合一定的标准。"义"是指正当、正直和道义的气节，反映出正义的精神。儒家之义强调主体性和实践性，使义既内敛为行为主体的品格，在人们的心灵深处播种下道德文明的基因，又外化为主体行为的品格，把义由抽象的价值准则贯穿到日常生活和个人行为之中，拓展了伦理道德实践的空间。儒家之义能够把道德的价值原则与行为实践统一起来，从而使得儒家的伦理道德思想历久弥新，成为影响中国人道德修养和性格品质的主导力量，塑造了一批批"忧国忧民"的忠臣、"事亲敬长"的孝子和"文质彬彬"的君子。

■ 礼

礼，履也，所以事神致福也。"礼"指履行，是用来祭祀求福的事。本谓敬神；社会生活中由于风俗习惯而形成的为大家共同尊奉的仪式；也泛指古代社会贵族等级制的社会规范和道德规范。"礼"是指礼仪、礼貌和礼节的规矩，反映出礼敬的精神。"礼"中蕴含的精神既考虑到个人的需求，又为了群体结构的维护而强调人与人之间的差别性。正如孔子的高足有若所说："礼之用，和为贵。先王之道，斯为美。小大由之，有所不行。知和而和，不以礼节之，亦不可行也。""礼"以达到"和"的程度为贵，但也不能为了"和"而不讲差别。

■ 智

智，识词也，表示聪慧的虚词，聪明、智慧、智谋。"智"是指智慧，辨是非、明善恶和知己识人的能力，反映向善的精神。孔子非常重视"智"，明确提出"知、仁、勇，三者天下之达德也"，认为"智"和仁、勇一样，是三种任何时代都通达不变的品德。进一步指出"知者不惑，仁者不忧，勇者不惧"——聪明的人不会迷惑，仁德的人不会忧虑，勇敢的人不会畏惧。兵家更是把"智"列为将的五德之首，无论是运筹帷幄、军队交战，还是外交纵横捭阖，都需要"智"去谋划。

■ 信

信，诚也，指诚实。诚实：不欺。"信"是指诚实守信、坚定可靠、相互信赖的品行，反映出诚信的精神。儒家将"信"作为实现"仁"这个道德原则的重要条件之一，又是其道德修养的内容之一。孔子及其弟子提出"信"，是要求人们按照礼的规定互守信用，借以调整统治阶级之间、对立阶级之间的矛盾。儒家更是将"信"作为立国、治国的根本，其重要程度可见一斑。

俗话说，"人无信不立，业无信不兴，国无信则衰"。诚信不仅关乎个人品格，也是现代市场经济正常运行必不可少的条件，是国家和民族发展繁荣的基石，是每个社会成员不可推脱的责任。

■ 孝

孝，善事父母者，指善于侍奉父母的人，表示子女承奉父老的道德规范。"孝"是指尽心尽力地奉养父母，引申转指晚辈在尊长去世后要在一定时期内遵守的礼俗，反映出孝亲的精神。"孝"不仅是家庭伦理道德，"孝"还能超越家庭走向社会。对中国人而言，孝老爱亲指向的不仅仅是自己家中年老的父母，还包括社会上的老人，也就是《孟子·梁惠王上》所说的"老吾老，以及人之老；幼吾幼，以及人之幼"。

悌

悌，善兄弟也，指敬重兄长、爱护幼弟。"悌"是指对待朋友也要有兄弟姊妹之情，这样人和人之间才能消除矛盾，相互谦让，反映出悌敬的精神。"悌"的本义是弟弟对兄长的敬爱和恭顺，在此基础上，"悌"德在延伸到非血缘的社会关系时当然就具有了顺从长者的意义。正因为如此，东汉赵岐在解释孟子的"入则孝，出则悌"时说："出则敬长悌。悌，顺也。……教以悌，所以敬天下之为人兄者也。……事兄悌，故顺而移于长。"亲人朋友间长幼有序，互相谦虚礼让，不必要的矛盾冲突和愤恨自然会消除。

忠

忠，敬也，指肃敬而尽心尽力。忠诚：尽心竭力。"忠"是指尽忠国家，这是做国民的责任，就是要忠于祖国和人民，反映出忠诚、忠敬、忠正、忠勇、忠义的精神。马融在《忠经》中认为，国家的根本在于"忠"，因为"忠能固君臣，安社稷，感天地，动神明，而况于人乎"，对于安家定国起到根本的作用。如果人能对家国尽忠，那么身能有百禄，家则能六亲和，国家的平安也就顺理成章、水到渠成了。在中国历史上涌现出许许多多的爱国英雄，仁人志士，其精神被中国人民千年传颂，从而形成源远流长、绵延不绝的忠义传统。

■ 廉

廉，仄也，指堂屋的侧边。廉洁：不贪。"廉"是指廉洁，不起贪求之心，具有大公无私的精神，反映出廉洁、廉清、廉白的精神。东汉著名学者王逸在《楚辞·章句》中注释"不受曰廉，不污曰洁"，不接受他人馈赠的钱财礼物，不让自己清白的人品受到玷污。

廉洁代表的是一个人的思想境界，反映的是一个人的行为操守，新时代呼唤着人民公仆做现代"铁包公"，恪尽职守，廉洁奉公，树一身正气；淡泊名利，坚持原则，盈两袖清风。

■ 耻

耻，辱也，指羞辱，羞愧之心。"耻"指羞耻。凡是不合道理的事，违背良心的事情，绝对不做，知道错误就去改过，为当所为。《中庸》中提到："好学近乎知，力行近乎仁，知耻近乎勇。知斯三者，则知所以修身；知所以修身，则知所以治人；知所以知人，则知所以治天下国家矣。"耻德对于个人、民族、国家是不可或缺的。

中华优秀传统文化是一座精神富矿，不仅铸就了历史的辉煌，而且在今天依然充满着智慧的力量。中华民族曾经创造了灿烂辉煌的文化，为世界文明的发展做出了重要的贡献。我们要继续弘扬中华民族的优秀传统文化，培育传统美德，推动中华文化走向世界。

第二章
社会主义核心价值观

2012年,党的十八大报告对社会主义核心价值观进行凝练和概括,提出:"倡导富强、民主、文明、和谐,倡导自由、平等、公正、法治,倡导爱国、敬业、诚信、友善,积极培育和践行社会主义核心价值观。"

习近平总书记多次强调,要把培育和弘扬社会主义核心价值观作为凝魂聚气、强基固本的基础工程。要让核心价值观的影响像空气一样无所不在、无时不有。

"富强、民主、文明、和谐"是国家层面的价值目标,是我国社会主义现代化国家的建设目标,也是从价值目标层面对社会主义核心价值观基本理念的凝练,在社会主义核心价值观中居于最高层次,对其他层次的价值理念具有统领作用。

"自由、平等、公正、法治"是社会层面的价值取向,是对美好社会的生动表述,也是从社会层面对社会主义核心价值观基本理念的凝练,它反映了中国特色社会主义的基本属性,是中国共产党矢志不渝、长期实践的核心价值理念。

"爱国、敬业、诚信、友善"是公民个人层面的价值准则,是从个人行为层面对社会主义核心价值观基本理念的凝练,它覆盖社会道德生活的各个领域,是公民必须恪守的基本道德准则,也是评价公民道德行为选择的基本价值标准。

从国家到社会再到个人,三个层面既相互区分,又相互融合,共

同构成具有全方位规范和导向作用的社会主义核心价值观。

■ 富强

富强，富足强大，即民富国强。富强是社会主义现代化国家经济建设的应然状态，是中华民族梦寐以求的美好夙愿，也是国家繁荣昌盛、人民幸福安康的物质基础。

中华人民共和国成立 70 多年来，中国共产党领导人民通过大力发展生产力，不断增强综合国力，提高人民生活水平，使中国人民从解决温饱问题向着全面建成小康社会的宏伟目标阔步前进。

■ 民主

民主的本质是人民当家作主，是体现人民至上和人民主体的价值追求，是社会主义政治建设的价值目标，也是创造人民美好幸福生活的政治保障。

不同于西方的民主体制，中国式民主的原则是民主集中制，其内在要求是国家服务于人民，其根本职责是维护绝大多数人民的利益。

■ 文明

文明，即社会进步、有文化的状态。文明是社会进步的重要标志，也是社会主义现代化国家的重要特征。它是社会主义现代化国家文化建设的应有状态，是对面向现代化、面向世界、面向未来的，民族的科学的大众的社会主义文化的概括，是实现中华民族伟大复兴的重要支撑。

和谐

和谐，事物或状态的和睦、融洽。和谐是中国传统文化的基本理念，集中体现了学有所教、劳有所得、病有所医、老有所养、住有所居的生动局面。它是社会主义现代化国家在社会建设领域的价值诉求，是经济社会和谐稳定、持续健康发展的重要保证。

在中国共产党的带领下，我国必将向着实现社会关系的和谐、人与自然的和谐和国际关系的和谐的目标稳步迈进。

自由

在社会主义核心价值观中，自由主要是指人的意志自由、存在和发展的自由，是人类社会的美好向往，也是马克思主义追求的社会价值目标。

在社会主义社会，自由的内涵是保障每个个体都有生存和发展自由，自由的价值理念始终是中国共产党和中国人民所崇尚和追求的目标。在社会物质条件大大改善、精神文明建设不断推进的同时，持续从建立制度保障、推进法制建设、加强宣传教育等方面入手，进一步保障公民的自由和权利，让一切劳动、知识、技术、管理的活力竞相迸发，将为实现中华民族伟大复兴的中国梦凝聚智慧和力量。

平等

平等是指人与人之间在经济、政治、文化等方面处于同等地位，享有同等的权利。社会主义核心价值观的平等指的是：公民在法律面前的一律平等，其价值取向是不断实现实质平等。平等是人类千百年来共同向往的理想价值，也始终是中国共产党领导中国革命和建设的核心价值理念。从中华人民共和国成立前的土地改革、官兵平等到中华人民共和国成立后持续推进的男女平等、民族平等、区域平等，平等的价值理念贯穿于国家和社会建设的方方面面。

公正

公正，即社会公平和正义，它以人的解放、人的自由平等权利的获得为前提，是国家、社会应然的根本价值理念。公平正义是中国特色社会主义的内在要求。

法治

法治，指按照法律治理国家的政治主张和治国方式。依法治国是社会主义民主政治的基本要求。它通过法制建设来维护和保障公民的根本利益，是实现自由平等、公平正义的制度保证。

法治作为一种治国方略或社会调控方式，是人类政治文明发展的重要成果。中国特色社会主义法治以马克思主义为指导，以公平正义为价值导向，将人民的权利以法律的形式固定下来，是实现人民当家做主的根本保证。党的十八大报告提出了"全面推进依法治国"的法治思想，把"法治"作为社会主义核心价值观的一大要素，化为社会文明进步的强大动力。

爱国

爱国，顾名思义，是指热爱自己的国家，它是基于个人对自己祖国依赖关系的深厚情感，也是调节个人与祖国关系的行为准则。它同社会主义紧密结合在一起，要求人们以振兴中华为己任，促进民族团结、维护祖国统一、自觉报效祖国。

爱国主义精神深深植根于中国人民心中，维系着中华大地上各个民族的团结统一，激励着一代又一代中华儿女为祖国发展繁荣而自强不息、不懈奋斗。2020年4月22日，习近平总书记在西安交通大学考察调研时指出："'西迁精神'的核心是爱国主义，精髓是听党指挥跟党走，与党和国家、与民族和人民同呼吸、共命运，具有深刻现实意义和历史意义。"

敬业

敬业是指专心致力于所从事的专业、工作，它是对公民职业行为准则的价值评价，要求公民忠于职守，克己奉公，服务人民，服务社会，充分体现了社会主义职业精神。

敬业，自古以来便是公民的重要价值准则。《礼记》中有"敬业乐群"之说；南宋时期理学家朱熹认为"敬业者，专心致志以事其业"。忠于职守、孜孜不倦、鞠躬尽瘁、兢兢业业等精神及其模范典型的故事广为流传，由此可见，敬业是中华民族的传统美德。

诚信

诚信，即诚实守信，是人类社会千百年传承下来的道德传统，也是社会主义道德建设的重点内容，它强调诚实劳动、信守承诺、诚恳待人。

人无信不立，诚信是人类生活最普遍、最基本的道德规范之一，是维系人与人交往关系的纽带，是维护正常社会秩序的基石。在中国

迎**全运**盛会 树**文明**新风
"十四运"文化知识

传统文化中,"信"是做人做事的基本道德,是"五常"之一。在《论语》中,"信"字共出现了38次,可见其重要程度。在民间生活中,"一诺千金""一言九鼎""一言既出,驷马难追"等反映信守承诺的成语为人所熟知。

▎友善

友善,形容友好亲密的状态。公民之间应互相尊重、互相关心、互相帮助,和睦友好,努力形成社会主义的新型人际关系。

友善是指待人热情友好,与人为善,它包含善待亲友、他人、社会、自然等。作为一种基本的道德价值规范,友善属于人际交往过程中必须遵循的基本原则。友善亦是中华民族的传统美德,"仁者爱人""己所不欲勿施于人""礼之用和为贵"等思想已经渗透到中华民族的思维方式和性格习惯中,成为维系社会秩序的规则,成为中华民族的民族文化基因。

第三章
公民道德

党的十八大以来，以习近平同志为核心的党中央高度重视公民道德建设，立根塑魂、正本清源，做出一系列重要部署，推动思想道德建设取得显著成效。中国特色社会主义和中国梦深入人心，践行社会主义核心价值观、传承中华优秀传统文化的自觉性不断提升，爱国主义、集体主义、社会主义思想广为弘扬，崇尚英雄、尊重模范、学习先进成为风尚，民族自信心、自豪感大大增强，人民思想觉悟、道德水准、文明素养不断提高，道德领域呈现积极健康向上的良好态势。

中国特色社会主义进入新时代，加强公民道德建设、提高全社会道德水平，是全面建成小康社会、全面建设社会主义现代化强国的战略任务，是适应社会主要矛盾变化、满足人民对美好生活向往的迫切需要，是促进社会全面进步、人的全面发展的必然要求。2019年，党中央颁布《新时代公民道德建设实施纲要》，以习近平新时代中国特色社会主义思想为指导，紧紧围绕进行伟大斗争、建设伟大工程、推进伟大事业、实现伟大梦想，着眼构筑中国精神、中国价值、中国力量，促进全体人民在理想信念、价值理念、道德观念上紧密团结在一起，在全民族牢固树立中国特色社会主义共同理想，在全社会大力弘扬社会主义核心价值观，积极倡导富强民主文明和谐、自由平等公正法治、爱国敬业诚信友善，全面推进社会公德、职业道德、家庭美德、个人品德建设，持续强化教育引导、实践养成、制度保障，不断提升

迎**全运**盛会 树**文明**新风
"十四运"文化知识

公民道德素质，促进人的全面发展，培养和造就担当民族复兴大任的时代新人。

■ 社会公德

"推动践行以文明礼貌、助人为乐、爱护公物、保护环境、遵纪守法为主要内容的社会公德，鼓励人们在社会上做一个好公民。"

社会公德是指人们在社会交往和公共生活中应该遵守的行为准则，是维护社会成员之间最基本的社会关系秩序、保证社会和谐稳定的最起码的道德要求。社会公德是维持良好人际关系的条件，衡量一个民族进步的标志。在我国现代社会中，社会公德建设是精神文明建设的基础性工程，也是精神文明程度的"窗口"。

■ 职业道德

"推动践行以爱岗敬业、诚实守信、办事公道、热情服务、奉献社会为主要内容的职业道德，鼓励人们在工作中做一个好建设者。"

职业道德是指从业人员在职业活动中应该遵循的行为准则，涵盖了从业人员与服务对象、职业与职工、职业与职业之间的关系，也指在一定职业活动中应遵循的、体现一定职业特征的、调整一定职业关系的职业行为准则和规范。

■ 家庭美德

"推动践行以尊老爱幼、男女平等、夫妻和睦、勤俭持家、邻里互助为主要内容的家庭美德，鼓励人们在家庭里做一个好成员。"

家庭美德是指人们在家庭生活中调整家庭成员间关系、处理家庭问题时所遵循的高尚的道德规范。家庭美德是每个公民在家庭生活中应该遵循的行为准则。

精神塑造呼唤榜样的力量。家庭文明建设，正是一项为百姓立心、为民族铸魂的时代工程。以培育和践行社会主义核心价值观为根本，以"注重家庭、注重家教、注重家风"为着力点，唤醒广大家庭崇德向善的道义自觉，我们4亿多个家庭的生活一定会更美满幸福，我们的国家我们的民族一定会更加和谐兴旺。

个人品德

"推动践行以爱国奉献、明礼遵规、勤劳善良、宽厚正直、自强自律为主要内容的个人品德，鼓励人们在日常生活中养成好品行。"

个人品德，即道德品质，也称德行或品性，是个体依据一定的道德行为准则行动时所表现出来的稳固的倾向与特征。个人品德就其实质来说，是道德价值和道德规范在个体身上内化的产物。品德是发展先进文化，构成人类文明，特别是精神文明的重要内容，可以概括为：对身边的人充满善意，对社会有所贡献。

"时代向前，精神不息。"道德实践是培养良好道德观念、形成文明道德风尚的根本途径。新时代，新征程，唯有更多道德力量的坚守与绽放，形成崇德向善、见贤思齐的浓厚氛围，才能为人民不断奋勇前行提供丰润的道德滋养，以驰而不息、久久为功的坚定意志，昂扬向上、真抓实干的精神状态，在不忘初心、砥砺前行中更好激发高质量发展的强大正能量。

附:文明礼仪规范

一、个人礼仪

个人礼仪是其他一切礼仪的基础,是一个人仪容、仪表、言谈、行为举止的综合体现,是个人性格、品质、情趣、素养、精神世界和生活习惯的外在表现。总的规范为:整洁清爽、端庄大方。

仪容礼仪

仪容是最为引人注意的地方,一个人必须对自己的仪容修饰予以高度的重视。

男士仪容修饰要点

(1)卫生:每天洗澡及更换衣服,避免出现口臭、汗臭、狐臭等异味。

(2)胡须:若无特殊的宗教信仰或民族习惯,要养成每日修面剃须的好习惯。

(3)发型:男士的发型要长短适当。要求做到:前发不覆额,侧发不掩耳,后发不触领。不允许在工作之时长发披肩,或者梳起发辫。

(4)鼻毛和耳毛:修剪好鼻毛和耳毛,勿使其外现。

女士仪容修饰规范

女士仪容修饰规范见表4-1。

表 4-1　女士仪容修饰规范

规范类型	具体要求
面部修饰规范	①洁净。务必保持自己的面部干净、清爽。 ②卫生。注意自己面容的健康状况；防止由于个人不讲究卫生而使面部长痘的现象；避免在服务中出现汗臭、狐臭等身体异味。 ③自然。面部的修饰要自然，可以化淡妆，切忌浓妆艳抹，要使"秀于外"与"慧于中"二者并举。 ④口部的修饰。注意口腔的洁净，防止产生口臭等异味。
肢体修饰规范	①注意保持手的干净、清洁。 ②不留长指甲，不涂鲜艳的指甲油及在指甲上彩绘。 ③不穿露趾的凉鞋或拖鞋。
发部修饰规范	①整洁。头发确保整洁。 ②长短适当。女性可将超长的头发盘起来、束起来或是编起来，或是置于工作帽之内，不可披头散发。 ③不可将头发染得五彩斑斓。
化妆的规范	化妆应淡雅、自然、简洁、适度。

服饰礼仪

服饰的选择、穿戴要注意以下规范。

（1）着装整洁。一忌布满褶皱，二忌出现残破，三忌沾染污渍及脏物，四忌充斥汗酸、体臭等异味。

（2）穿着文明、雅观。一忌过分裸露，二忌过分薄透，三忌过分紧窄，四忌过分艳丽。

（3）以不佩戴首饰为好。如需要佩戴，一般不宜超过两个品种，不宜佩戴花哨和张扬个性的工艺饰品及名贵的珠宝饰品。

仪态礼仪

站姿规范

1. 基本站姿

（1）站姿的基本要领：脚跟并拢，脚尖分开（女士30度左右，男士45度左右），收腹挺胸，提臀立腰，双臂下垂（自然贴于身体两侧），虎口向前，宽肩下沉，头正颈直，下颌微收，目光平视。

（2）男性与女性通常根据各自不同的性别特点，在遵守基本站姿的基础上，还可以各有一些局部的变化，主要表现在手位与脚位有时可存在一些不同。

男性在站立时，力求表现阳刚之美。具体来讲，在站立时，可以将一只手（一般为右手）握住另一只手的外侧面，叠放于腹前，或者相握于身后。双脚可以叉开，大致上以其与肩部同宽为双脚叉开后两脚之间相距的极限。但需要注意的是，在郑重地向客人致意的时候，必须脚跟并拢，双手叠放于腹前。

女性在站立时，力求表现阴柔之美，在遵守基本站姿的基础上，可将双手虎口相交叠放于腹前。

2. 不良站姿

身躯歪斜、弯腰驼背、趴伏倚靠、双腿大叉、脚位不当、手位不当、半坐半立、浑身乱动。

行姿规范

1. 行姿的基本要点

行进姿势的基本要点：身体协调，姿势优美，步伐从容，步态平稳，步幅适中，步速均匀，走成直线。

2. 下楼梯的行姿

要减少在楼梯上的停留。楼梯多是人来人往之处，所以不要停留在楼梯上休息、站在楼梯上与人交谈或在楼梯上慢慢悠悠地行进。

要坚持"靠右走"原则。上、下楼梯时，不要并排行走，而应当靠右侧而上或下，方便有急事的人可以从左侧快速超越。

上、下楼梯时，千万不可抢行。出于礼貌，在平路上可请对方先行。

3. 进、出电梯的行姿

在使用电梯时，应注意以下问题。

要遵守"先出后进"的原则。乘电梯时，一般的规矩是：里面的人出来之后，外面的人方可进去。不守此规，出入电梯时人一旦过多，就会出现混乱的场面。

在乘电梯时，要以礼相待，请对方先进先出。

要尊重周围的乘客。进出电梯时，大都要侧身而行，免得碰撞、踩踏别人。进入电梯后，应尽量站在里边，人多的话，最好面向内侧，或与他人侧身相向。

4. 出、入房门的姿势

在出、入房门时，尤其是在进入房门前，定要采取叩门（一般以中指轻叩三下）、按铃的方式，向房内之人进行通报。

要以手开关。出、入房门时，务必用手来开门或关门。在开、关房门时，用肘部顶、用膝盖拱、用臀部撞、用脚尖踢、用脚跟蹬等不良做法，都是不可以采用的。

要"后入后出"。与他人一起先后出、入房门时，为了表示自己的礼貌，一般应当自己后进门、后出门，而请对方先进门、先出门。

坐姿规范

采用正确的坐姿。

1. 入座的要求

（1）先请对方入座：这是待人以礼的表现。

（2）在适当之处就座：在大庭广众之处就座时，要注意座位的尊卑并且主动将上座相让于人。

（3）从座位左侧就座：条件假若允许，在就座时最好从座椅的左侧接近它。这样做，是一种礼貌，而且也易于就座。

（4）毫无声息地就座：就座时，要减慢速度，放松动作，尽量不要坐得座椅乱响、噪声扰人。

（5）坐下后调整体位：为使自己坐得舒适，可在坐下之后调整一下体位或整理下衣服。但是这一动作不可与就座同时进行。

2. 离座的要求

先有表示：离开座椅时，身旁如有人在座，须以语言或动作向其先示意，随后方可站起身来。一蹦而起，有时会令人受到惊扰。

注意先后：与他人同时离座，须注意起身的先后次序。

起身缓慢：起身离座时，最好动作轻缓，避免弄响座椅或将椅垫、椅罩弄得掉在地上。

从左离开：有可能时，起身后，宜从左侧离去。与"左入"一样，"左出"也是一种礼节。

3. 几种常用的坐姿

正襟危坐式：适用于正规场合。主要要求是上身与大腿、大腿与小腿，都应当形成直角，小腿垂直于地面；双膝、双脚包括两脚的跟部，要完全并拢。

垂腿开膝式：多为男性所用，亦较为正规。主要要求是上身与大腿、大腿与小腿皆为直角，小腿垂直于地面；双膝分开，但不得超过肩宽。

双腿斜放式：适于穿裙子的女士在较低处就座所用。主要要求是双腿首先并拢，然后双脚向左或向右侧斜放，一般使斜放后的腿部与地面呈 45 度夹角。

双脚交叉式：适用于各种场合，男女皆可选用。主要要求是双膝先要并拢，然后双脚在踝部交叉。需要注意的是，交叉后的双脚可以内收，也可以斜放，但不宜向前方远远地伸出去。

4. 九种不规范坐姿

双腿叉开过大；架腿方式欠妥，如将一条小腿横架在另一条大腿上的"二郎腿"；双腿直伸出去；将腿放桌椅上；双手抱在腿上，这是种惬意、放松的休息姿势，在工作之中不可取；将手夹在腿间，这一动作显得胆怯或害羞；腿部抖动摇晃，这不仅会令他人心烦意乱，而且也会给人以极不安稳的印象；脚尖指向他人，这一做法是非常失礼的；脱鞋脱袜或以手触摸脚部。

蹲姿规范

遇上下述几种比较特殊的情况，允许酌情采用蹲的姿势。

（1）整理工作环境。在需要对自己的工作岗位进行收拾、清理时，可采取蹲的姿势。

（2）给予他人帮助。需要以下蹲之姿帮助客人时，可以这样做。

（3）提供必要服务。如当客人座处较低，以站姿为其服务既不文明、不方便，又显得高高在上、失敬于人。

（4）捡拾地面物品。在服务中确有必要采用蹲姿时，通常可以采用高低式蹲姿。主要要求是下蹲之时，左脚在前，右脚稍后；左脚应完全着地，小腿基本上垂直于地面；右脚则应脚掌着地，脚跟提起，此刻右膝须低于左膝，右膝内侧可靠于小腿的内侧，形成左膝高右膝低之态。女性应靠紧两腿，男性则可适度将其分开。臀部向下，基本上以右腿支撑身体。

手姿规范

1.手姿的基本原则

（1）手姿的基本原则：①使用规范化的手势；②注意区域性的差异，即注意不同的地域、民族"手语"的差异；③手势宜少忌多。

2.引导及指示的手姿

横摆式：右手臂向外侧横向摆动抬至腰部或齐胸的高度，指尖指向被引导或指示的方向。它多适用于请人行进或为人指示方向。

直臂式：要求右手臂向外侧横向摆动，指尖指向前方。与横摆式不同的是，它要将手臂抬至肩高，而非齐胸。它适用于引导方位或指

迎**全运**盛会　树**文明**新风
"十四运"文化知识

示物品所在之处。

曲臂式：它的做法是右手臂弯曲，由体侧向体前摆动，手臂高度在胸以下。请人进门时，可采用此方式。

斜臂式：右手臂由上向下斜伸摆动。多适用于请人就座。

以上四种形式，都为使用右手，且五指自然并拢，掌心向上。左手臂此时最佳的位置，应为垂在身体一侧，或背于身后。

3. 递接物品的手姿

双手为宜：双手递物于人最佳。不方便双手并用时，也要采用右手。以左手递物，通常被视为失礼之举，尤其是对亚洲国家的客人。

递于手中：递给他人的物品，以直接交到对方手中为好。不到万不得已，最好不要将所递的物品放在他处。

主动上前：若双方相距过远，递物者理当主动走近接物者。假如自己坐着的话，还应尽量在递物时起身站立为好。

方便接拿：在递物于人时，应为对方留出便于接取物品的地方，不要让其感到接物时无从下手。将带有文字的物品递交他人时，还须使之正面面对对方。

尖、刃内向：将带尖、带刃或其他易于伤人的物品递于他人时，切勿以尖、刃直指对方。合乎服务礼仪的做法是，应当使其朝向自己，或是朝向他处。

接取物品时，要注意的是：应当目视对方，而不要只顾注视物品，一定要用双手或右手，绝不能单用左手。必要时，应当起身而立，并主动走近对方。

表情神态规范

表情神态，指的是人通过面部形态变化所表达的内心的思想感情，所表现出来的神情态度。一般情况下，我们的表情神态应当是谦恭的、友好的、真诚的。

1. 眼神

在与服务对象进行目光的交流时，特别要注意注视对方的部位。依照服务礼仪的规定，在注视对方面部时，一般以注视对方的眼睛或眼睛到下巴之间三角区域为好，表示全神贯注和洗耳恭听。在问候对方、听取诉说、征求意见、强调要点、表示诚意、向人道别或与人道别时，皆可采用这样的注视方式。但是，时间上不宜过久，否则双方都会比较难堪。

当与对方相距较远时，一般应以对方的全身为注视之点。此外，有时也会因为实际需要，对方的某部分需多加注视。例如，在递接物品时，应注视对方手部，不过在无此必要时，最好不要这么做。特别需要说明的是，如果没有任何理由，而去注视打量对方的头顶、胸部、腹部、臀部或大腿，都是失礼的表现。

2. 笑容

要满面笑容，主要意在为服务对象创造出一种令人备感轻松的氛围，同时也表现出对对方的重视与照顾。因此，服务中要保持微笑、善于微笑。

微笑的基本做法是：先要放松自己的面部肌肉，然后使自己的嘴角微微向上翘起，让嘴唇略呈弧形，在不牵动鼻子、不发出笑声、不露出牙齿的前提下，轻轻一笑。但在问候、致意、与人交谈时，以露出上排牙齿的笑容比较亲和。

二、社交礼仪

社交礼仪是社会交往中使用频率较高的日常礼节。一个人生活在社会上，要想让别人尊重自己，首先要学会尊重别人。掌握规范的社交礼仪，为交往创造出和谐融洽的气氛，建立、保持、改善人际关系。社交礼仪的基本原则为尊重、遵守、适度、自律。

见面礼仪

称呼的礼节

礼仪规定，在任何情况下，都必须采用恰当的称呼。要做好这点，主要应当从四个方面来具体着手。

1. 区分对象

在具体称呼服务对象时，最好有所分别，因人而异。根据惯例，对称呼的使用有着正式场合与非正式场合之分。

正式场合使用的称呼，主要分为三种类型。一是泛尊称，例如"先生""小姐""夫人""女士"等；二是职业加泛尊称，例如"司机先生""秘书小姐"等；三是姓氏加职务或职称，例如"张老师""李科长""王教授"等。使用于非正式场合的称呼，可以直接以姓名、爱称、小名、辈分等相称。

2. 照顾习惯

称呼他人时，必须考虑交往对象的语言习惯、文化层次、地方风俗等，并分别给予不同的对待。例如"先生""小姐""夫人"一类的称呼，在国际交往之中最为适用。

3. 有主有次

需要称呼多位对象时，要分清主次，标准的做法有两种：一是由尊而卑，即在进行称呼时，先长后幼，先女后男，先上后下，先疏后亲；二是由近而远，即先对接近自己者进行称呼，然后依次向远离自己者称呼。

4. 严防犯忌

在称呼方面，有可能触犯的禁忌主要有两类。

（1）不使用任何称呼：有些服务人员平时懒于使用称呼，直接代之以"嘿""下个""那边的",甚至连这类本已不礼貌的称谓索性也不用。这一做法,可以说是失敬于人的。

（2）使用不雅的称呼：一些不雅的称呼,尤其是含有人身侮辱或歧视之意的称呼,例如"眼镜""矮子""瘦猴"等,是绝对禁用的。

介绍的礼节

1. 介绍的基本规则

介绍是人际交往中互相了解的基本方式,正确的介绍可以使不相识的人相互认识,可以通过落落大方的介绍和自我介绍,显示出良好的交际风度。

（1）顺序：尊者居后的原则。先向位高者介绍位低者,向女士介绍男士,向对方介绍自己。

（2）方法：先用敬语称呼,然后介绍。介绍内容要真实,态度要谦虚,把握合理的时间,一般半分钟为宜。

（3）称呼：称呼要合乎常规,要照顾被称呼者的个人习惯,要入乡随俗等。

（4）姿态：一般应起立,对被介绍双方互致问候,或微笑点头,或伸出右手致意。

（5）名片：顺序是先客后主,先低后高,在介绍后进行交换。双手接、双手递,正面对着对方。接后不要立即收起,应认真查看,然后郑重地收起。

2. 自我介绍的礼节

志愿者在服务过程中当需进行自我介绍时,只需报清自己的姓名和身份及所负责的服务工作就可以了,要注意态度的热情、友好和手势的自然、得体。

3. 为他人介绍的礼节

为他人做介绍主要是了解介绍的规则,即把谁介绍给谁的问题。国

际公认的介绍顺序是：将男性介绍给女性；将年轻者介绍给年长者；将职位低者介绍给职位高者；将客人介绍给主人；将晚到者介绍给早到者。

在以上五个顺序中，如果被介绍者之间符合其中两个以上的顺序，一般应按后一个顺序进行介绍。

致意的礼节

1. 常用的致意礼节

运用到的致意的礼节主要有注目礼、点头礼、欠身礼、鞠躬礼、握手礼、举手礼、合十礼等。这些礼节都要进行规范化的训练，在运用时才能做到得体和自然。

（1）注目礼：它和举手礼一样，原是军人施行的特殊礼节。行礼时，双目始终凝视着首长或贵客，并随他们的行走而转移。现时，已广为社交场合所用，形成一种礼节。一般并不单独使用，而是在介绍、握手、点头、举手等礼节的同时，用双眼自然地注视对方，以示敬重。若不与注目同步，则是一种严重的失礼行为。

（2）点头礼：通常行于同级或同辈之间，或对于在同一场合已多次见面的客人等，可用点头微笑致意。

（3）欠身礼：在服务中，欠身礼是运用得最广泛的一种礼节。双手叠放于腹前，上身向前倾斜15度，面带微笑，目光亲切地注视着对方，同时致以热情的问候。这是迎宾、送客，以及招呼客人时常用的一种礼节。

（4）鞠躬礼：一般是下级对上级、服务人员对宾客、初次见面的朋友之间，以及欢送宾客时所行礼节。与欠身礼不同的是，鞠躬礼需目光落地。鞠躬的度数主要有15度、30度、45度、110度等。一般来说，15度的鞠躬礼表示问候，30度和45度的鞠躬礼用于迎客和送客。鞠躬时，还应微笑地致以相应的问候语或告别语，诸如"见到您很高兴""欢迎光临""欢迎再次光临"等。受礼者如是长者、贤者、宾客、女士，还礼可不鞠躬，而用欠身、点头、微笑致意。

（5）握手礼：握手礼是在人际交往中，使用频率最高、适应范围最广泛的一种礼节。见面、离别、迎来、送往、庆贺、致谢、鼓励、慰问等场合均可施行。

握手的顺序是尊者居先。行握手礼时，通常距离受礼者约一步，两足立正，上身稍向前倾，伸出右手，四指并齐，拇指张开与对方相握，微微抖动三四次，时间不超过3秒钟，双目要凝视对方，微笑致意。关系亲近者，握手可稍加力度和抖动次数。

握手要先后有序。一般由年长者、身份高者、女士先伸手；年轻者、身份低者、男士可先行问候致意，待对方伸手后再握。迎客时，主人要先伸手表示欢迎，而送客时应待客人先伸手，否则有逐客的嫌疑。

志愿者在服务中不主动与客人握手，但有时客人主动伸手要求握手时，我们就应该按握手礼的礼节热情地回应。

握手须注意以下细节：

握手时，若掌心向下显得傲慢，似乎处于高人一等的地位。

用指尖握手，即使主动伸手，也会给人一种十分冷淡的感觉。

男士和女士之间，绝不能男士先伸手，这样不但失礼，而且还有占人便宜的嫌疑。但男士如果伸出手来，女士一般不要拒绝，以免造成尴尬的局面。

握手时软弱无力，容易给人感觉缺乏热忱，没有朝气；但是也不要用力过大。

握手时间可根据双方的亲密程度掌握。初次见面者，握两下即可，切忌握住异性的手久久不放。

忌用左手与他人握手，万一因故（如右手患疾或沾有油污等）不能用右手相握，则主动向对方致歉并加以说明，免除握手礼。

男士勿戴帽子和手套与他人握手，但军人不必脱帽，而应先

行军礼，然后再握手。在社交场合女士戴薄纱手套或网眼手套可不摘；但在商务活动中只讲男女平等，女士应摘手套，且男士仍不为先。

握手后，不要立即当着对方的面擦手，以免造成误会。

（6）举手礼：通常用于送客、与人告别等场合，在公共场合遇到相识的人，但彼此相距较远，可举起右手向对方招呼致意。

（7）合十礼：亚洲的一些佛教国家，如泰国、柬埔寨等，人们见面时往往以合十礼表示敬意。行合十礼时，应双目注视对方，并面带微笑，双手五指并拢，在胸前约20厘米处沓合，上身前倾30度到45度，沓合的双手也微微上举，使手指尖部与鼻尖或额同高。手举得越高表示越尊敬，但不可超过额头。

2. 致意的规则

在办公走廊、电梯等地方遇见熟悉的人要互相打招呼。遇到相识者且距离较远，采用致意，以示问候。

一般做法是：男性应当先向女性致意；年轻者应当先向年长者致意；下级应当先向上级致意；服务人员应当先向客人致意。

通讯的礼节

1. 接打电话的礼节

（1）接电话时，应遵守"铃响不过三分钟"的原则，先问好，然后自报名号，最后询问事情。

（2）打电话时，应遵循"通话三分钟"原则。不用办公电话私聊；找人办事要有礼貌；电话中断，应由打电话者重拨电话。

2. 接打手机的礼节

（1）注意手机使用的场合。一般在工作中要调成震动。

（2）手机要保持通畅，保证工作手机一直开机。

（3）不要私自把别人的手机号泄露出去。

（4）不方便使用手机通话时可以发短信，但是短信要署名，语言简约，信息表达明确，时间不要太晚。

3. 通电话时应注意的礼仪

（1）力求谈话简洁，抓住要点。

（2）考虑到交谈对方的立场。

（3）使对方感到有被尊重的感觉。

（4）没有强迫对方的意思。

4. 挂电话应注意的问题

（1）与上级或者长辈进行电话沟通后，一定要让对方先挂电话，这是一种尊重。

（2）与异性互通电话后，作为男方从礼节上理应先让女方挂电话，显示出对对方的一种关心及尊重，也会加深对方对你的良好印象。

三、赛场礼仪

赛场上，观众与运动员的互动是十分重要的，良性互动能够激发运动员振奋精神，更好地投入比赛。然而这种互动对于不同的运动项目是有所不同的。即便是同一种比赛，不同阶段，运动员需要的环境也不同，观众需要审时度势。总之，体育比赛项目是有自己的规则和特点的，观众应该根据具体项目来文明欣赏和参观比赛，提高体育项目专业素质的同时提高文明素质。

▎运动员的赛场礼仪

赛场礼仪是运动员礼仪培养的核心，它能体现出一个运动员、一个运动队、一个国家和民族运动水平和文化素质，因此在对运动员的礼仪培养上要重点加强对赛场礼仪的培养。

衣着方面，要穿洁净、整齐和符合习惯及要求的服装上场。在比赛中，要倡导公平、公正，心态平和，重视比赛对手，每场比赛都要全力以赴。做到不使用兴奋剂，不服用任何违禁药品，不搞任何贿赂行为，靠个人运动能力和技术水平来赢得比赛、赢得尊重。在赛场上，要听从教练员指挥；要尊重裁判，听从裁判号令，服从裁判的裁决；当受到误判时要冷静，守纪律，讲礼貌，不能谩骂，更不能殴打裁判，无论比赛结果如何，都应主动与裁判握手。在比赛中，不管出现何种不利情况，对队友要团结合作，密切配合，互相补台，靠集体的智慧和力量去争取胜利，不能处处自我表现，甚至互相拆台、指责。在比赛结束后，要做到胜不骄、败不馁，并向胜者祝贺。要尊重观众，上场时向观众行礼致意。

在比赛中，观众出现不满并大喊大叫，甚至投掷物品，运动员要冷静、大度，继续比赛；对观众给予的支持和鼓励，要招手致谢；对个别观众无礼、过分的行为，不要有过激反应，更不能扔比赛工具或拒绝比赛。比赛结束，无论胜败，都应向观众行礼。在颁奖仪式上，当嘉宾颁奖时，要彬彬有礼，同时要说声谢谢，然后举牌、举杯向观众致意，并配合记者的拍照；要真诚地向其他获奖者祝贺，同时向观众招手致意；在国际赛场上，奏本国国歌、升本国国旗时，要面向国旗肃立致敬，并唱国歌；当升他国国旗、奏他国国歌时，也要给予尊重。对待媒体，要热情接受记者的采访；接受采访时，注意着装，不要随意接打电话；对所有媒体要尽可能一视同仁，避免出现体育明星"耍大牌"的现象；而对于某些媒体的失实报道，运动员要克制自己的激动情绪，通过组织沟通解决。

附：文明礼仪规范

■ 观众礼仪

进场与退场的礼仪

（1）在体育馆或体育场观看比赛，要遵守公共道德，自觉维护秩序。

（2）观看体育比赛，应该准时入场，以免入座时打扰别人。入场后，应该对号入座，不要因为自己的座位不好而占了别人的座位。

（3）如果赛后想快点退场，应该在终场前几分钟悄悄走，不要等收场时在人群中乱穿乱挤。

（4）散场的时候，要跟着人流一步一步地走向门口。若挤或推，可能谁也出不去，甚至还会出现危险。万一被推挤的观众围困，要记住"向最近、便的出口缓行"和"顺着人流前进，切勿乱钻"。

比赛中的礼仪

观看体育比赛时，要注意自己的言行举止。言行举止不仅是个人涵养的问题，也关系到社会风气问题。精彩的体育比赛振奋人心，欢呼和呐喊是自然的事情。可以为你所喜欢的选手叫好，但不应该辱骂另一方。如果是精彩的场面，不管是主队的还是客队的，都应该鼓掌加油，表现出公道和友好。

在比赛中起哄、乱叫、向场内扔东西、鼓倒掌、喝倒彩的行为，是违背体育精神的，更是没有教养的表现。在比赛的紧要关头，尽量不要因一时激动而从座位上跳起来，挡住后面的观众。要知道，越是关键的时刻，大家的心情越是一样的。

体育场内一般不许吸烟。若要吸烟可以到允许吸烟的地方去。不把果皮纸屑随地乱扔。产生较大噪声的零食最好不吃，因为大的噪声会影响身边其他观众。

观看体育比赛时的穿着，可以随气候、场所和个人喜好而定，但

也要注意公共场所礼节。即便再热，不能只穿一件小背心，更不能光着膀子观看比赛，不雅观。

在比赛中如果觉得裁判有问题，要按照程序向有关人员提出，谩骂、起哄甚至围攻裁判是不应该的。

观看体育比赛时应遵守的礼节

（1）尽量提前或准时入场，在入口处主动出示票证请工作人员检验，背包入场必须安检。

（2）进出场时，不要拥挤，遇到老弱病残者应主动礼让。

（3）进场后对号入座。如果比赛开场，应就地入座，比赛中不能随意走动，待中间休息时再寻找自己的座位。

（4）进入比赛场地后，应关闭随身携带的手机等通信工具。

（5）在国际赛场上举行升旗仪式时，观众应当面向国旗，肃立致敬，不能嬉笑打闹或者随意走动。

（6）观看比赛时，不抽烟，不吃带响声的食品，不大声喧哗，切忌起哄、吹口哨、怪声尖叫、喝倒彩、扔东西。

（7）比赛过程中照相不能使用闪光灯，遵守禁止照相的规定。

（8）观看体育比赛时应热情地为双方运动员加油，给对方运动队、运动员以礼貌的致意，不嘲讽、辱骂裁判员、运动员、教练员。

（9）比赛结束时，要向双方运动员鼓掌致意，待比赛完全结束再有秩序地退场，不随便中途退场。

（10）衣着整洁，举止文明，室内观看比赛时不戴帽，不把衣物垫在座位上。

（11）爱护公共设施，不蹬踏座椅，不乱涂写刻画。

（12）提前了解赛事的相关知识，不盲目观赛。

四、服务礼仪

■ 服务礼仪基本原则

在服务礼仪中，有一些具有普遍性、共同性、指导性的礼仪规律。这些礼仪规律，即礼仪的原则。掌握礼仪的原则很重要，它是我们更好地学习礼仪和运用礼仪的重要指导思想。

尊重的原则

孔子说："礼者，敬人也。"这是对礼仪的核心思想的高度概括。所谓尊重的原则，就是要求我们将对客人的重视、恭敬、友好放在第一位，这是礼仪的重点与核心。因此首要的原则就是敬人之心常存，掌握了这一点，就等于掌握了礼仪的灵魂。在人际交往中，较容易获得服务对象的谅解。

真诚的原则

服务礼仪所讲的真诚的原则，要求必须以诚待人，只有如此，才能表达对客人的尊敬与友好，才会更好地被对方所理解、所接受。与此相反，倘若仅把礼仪作为一种道具和伪装，在具体操作礼仪规范时口是心非、言行不一，则是有悖礼仪的基本宗旨的。

宽容的原则

宽容的原则要求我们既要严于律己，更要宽以待人。要多体谅他人，多理解他人，学会与服务对象进行心理换位，不求全责备、咄咄逼人。这也是尊重对方的一种表现。

从俗的原则

由于国情、民族、文化背景的不同，在人际交往中，实际上存在着"十里不同风，百里不同俗"的局面，这就要求对各地的礼仪文化、风俗以及宗教禁忌有全面、准确的了解，只有这样才能够在服务的过程中得心应手，避免出现差错。

适度的原则

适度的原则，要求应用礼仪时，为保证取得成效，必须注意技巧、合乎规范，特别要注意做到把握分寸、认真得体。这是因为凡事过犹不及。假如做得过了头，或者做得不到位，都不能正确地表达自己的自律、敬人之意。

志愿服务场合的礼宾次序

陪客人走路，一般要请客人走在自己右边。主陪人员要和客人并排走，不能落在后面。

其他陪同人员应走在客人和主陪人员身后。在走廊里，应走在客人左前方几步。

转弯、上楼梯时，要回头以手示意，有礼貌地说声"这边请"。乘电梯时，如果有人值守，要请客人先进；如无人值守，则应自己先进，然后让客人进。到达时要让客人先出电梯。到达接待室或领导办公室时，要对客人说"这里就是"或"这里是某某办公室"。如果是领导办公室，要先敲门，得到允许时再进入。门如果是向外开的，应该请客人先进去；向里开的，则自己先进去，按住门，再请客人进。

上车时要请客人先上，打开车门，并用手示意，等客人坐稳后再上。一般应请客人坐在后排座位的右侧，自己坐在左侧。如果客人有领导陪同，就请领导坐在客人左侧，自己坐在前排司机的旁边。如果客人或领导已经坐好，就不必再要求按这个顺序调换。在客人上车后，不要从同一车门随后而入，而应该关好车门后从另一侧车门上车。下车时，自己先下，为领导或客人打开车门，请他们下车。

当客人和领导见面时要进行介绍。介绍时一般先把年纪较轻、身份较低的人介绍给年纪较大、身份较高的,把男士介绍给女士。

语言规范

准确而适当地运用礼貌语言。

谈吐的基本礼貌用语

敬语。敬语是表示恭敬、尊敬的习惯用语。这一表达方式的最大特点是,当与宾客交流时,常常用"您好"开头,"请"字中间,"谢谢"或"再见"收尾,"对不起"常常挂在嘴边。在日常工作中,"您好""请""谢谢""对不起""再见"等字词用得最多。"请"字包含了对宾客的敬重与尊敬,体现了对他人的诚意,如"请走好""请出示车票""请稍等"等。生活中的惯常用法还有"久仰""久违""包涵""打扰""借光""拜托""高见"等。

谦语。谦语是向人们表示一种自谦和自恭的词语。以敬人为先导,以退让为前提,体现着一种自律的精神。在交谈中常用"请问我能为您做点什么"等;日常生活中惯常用法有"寒舍""太客气了""过奖了""为您效劳""多指教""没关系""不必""请原谅""惭愧""不好意思"等。

雅语。雅语又称委婉语,是指一些不便直言的事用一种比较委婉、含蓄的方式表达双方都知道、理解但不愿点破的事。如当宾客提出的要求一时难以满足时,可以说"您提出的要求是可以理解的,让我们想想办法,一定尽力而为"。"可以理解"是一种委婉语,这样回答可以为自己留有余地。日常生活中惯常用的有"留步""奉还""光临""失陪""光顾""告辞"等,称呼长辈时用"高寿""令堂""令尊"等。中国传统中约定俗成的礼貌谦辞如下:初次见面说"久仰",看望别人说"拜访"。尽量多用敬语、谦语和雅语,即用词用语要

力求敬人、谦恭、高雅，忌粗话、脏话、黑话、怪话与废话，以展示良好的教养。

常用礼貌用语类型

1. 问候用语

以下五种情况下必须使用问候语。一是主动服务于他人时；二是他人有求于己时；三是他人进入自己的服务区域时；四是他人与自己相距过近或是四目相对时；五是自己主动与他人进行联络时。

进行问候通常应当是相互的。在正常情况下，应当由身份较低之人首先向身份较高之人进行问候。在工作之中，自然应当由志愿者首先向服务对象进行问候。

标准式问候用语的常规做法：在问好之前，加上适当的人称代词，或者其他尊称，例如"你好""您好""大家好"等。

时效式问候用语：指在一定的时间范围之内才有作用的问候用语，例如"早安""早上好""中午好""下午好""晚上好""晚安"等。

2. 迎送用语

迎送用语可分为欢迎用语和送别用语。

最常用的欢迎用语有"欢迎""欢迎光临""欢迎您的到来""见到您很高兴""恭候您的光临"等，往往离不开"欢迎"一词，但在客人再次到来时，可在欢迎用语之前加上对方的尊称，如"某某先生，真高兴再次见到您""欢迎您再次光临"等，以表明自己尊重对方，使对方产生被重视之感。在使用欢迎用语时，通常应当一并使用问候语，并且在必要时还须同时向被问候者主动施以见面礼，如注目、点头、微笑、鞠躬、握手等。第二类为送别用语，最为常用的送别用语，主要有"再见""慢走""走好""欢迎再来""一路平安"等。需要注意的是，送别乘飞机的客人忌讳说"一路顺风"。

3. 请托用语

请托用语通常指的是在请求他人帮忙或是托付他人代劳时，照例应当使用的专项用语。任何服务人员都免不了可能会有求于人。在向客人提出某项具体要求或请求时，都要加上一个"请"字。

4. 致谢用语

在下列六种情况下，理应及时使用致谢用语，向他人表达本人的感激之意。一是获得他人帮助时；二是得到他人支持时；三是赢得他人理解时；四是感到他人善意时；五是婉言谢绝他人时；六是受到他人赞美时。

5. 征询用语

向他人进行征询时，要使用必要的礼貌语言，才会取得良好的反馈。一般有下述五种情况。一是主动提供服务时；二是了解对方需求时；三是给予对方选择时；四是启发对方思路时；五是征求对方意见时。

6. 应答用语

使用的应答用语是否规范，往往直接反映其服务态度、服务技巧和服务质量的好坏。例如，在答复客人的请求时，常用的应答用语主要有"是的""好""很高兴能为您服务""好的，我明白您的意思""我会尽量按照您的要求去做"等。重要的是，一般不允许对客人说一个"不"字，更不允许对其置之不理。

7. 祝贺用语

向他人适时地使用一些祝贺用语。在不少场合，这么做不但是一种礼貌，而且也是一种人之常情，例如"祝您成功""身体健康""节日愉快"等。

8. 推托用语

拒绝别人也是一门艺术。在工作中有时也需要拒绝他人，此时必须语言得体、态度友好，不能直言"不知道""做不到""不归我管""问别人去"等。

9. 道歉用语：

当我们的工作不到位或出现差错时，应真诚地向他人道歉。常用的道歉用语主要有"抱歉""对不起"等。

忌语

杜绝以下四类服务忌语。

1. 不尊重之语

如触犯了对方的个人忌讳，尤其是与其身体条件、健康方面相关的某些忌讳。例如，面对残疾人时，切忌使用"残废""瞎子""聋子"等词。对体胖之人的"肥"，个低之人的"矮"，都不应当直言不讳。

2. 不友好之语

不友好之语也就是不够友善，甚至满怀敌意的语言。

3. 不耐烦之语

服务他人要表现出应有的热情与足够的耐心，努力做到有问必答，答必尽心；百问不烦，百答不厌；不分对象，始终如一。使用不耐烦之语，属于犯规。

4. 不客气之语

在劝阻对方不要乱碰珍贵物品时，不能说"别乱动""弄坏了你得赔"等。